JN217242

STEINWAY & SONS

アニソン・ゲーム音楽作り
20年の軌跡
～上松範康の仕事術～

Elements Garden 代表
上松範康

『プロローグ』

あれは、ラーメンに定評がある近所の居酒屋のランチ時でのこと。

「20周年なら本とか出してみたい？」

と僕の盟友の株式会社S社長、佐藤ひろ美が、ラーメンをすすりながらも真剣な顔で提案してきたのが、この本を出させていただくことになったきっかけです。

作詞、作曲、編曲、原作作り、会社経営、土日はアーティストのライブ、連日の会食という名の飲み会。

自分には時間があまりにも足りなかったので、「いつも自分の取材記事を手掛ける、冨田明宏さんがまとめてくださるならやってみたい」と返事をさせていただきました。

しばらくたって、冨田さんからも快諾をいただきこの本の制作はスタートしました。

「自分が本になる……！」

最初こそ、実家へのいい土産話になるなあとか、ヒットしたらどうしよう……モテるかな？と軽く考えていましたが、かかわった恩人の方々との対談を繰り返すうちに、アニメ、ゲーム音楽の歴史に触れる話になったり、業界の未来のお話になったりと、とても責任をもって語らないといけないことに気づきました。

そんな大きなプレッシャーの中でしたが、どうにかこうにか温かい業界の皆さんのお力でこの本は完成し、おぎゃーおぎゃーと産声をあげて、皆さんの手に取っていただく日を迎えることができました。

どんな人に読んでもらいたいか？

作曲家になりたい人？　アニメ、ゲーム音楽業界を夢見る人？　と言いたいところですが、ちょっとだけ違います。

この本を読み終わったときにその答えがわかると思います。

少しお見苦しい所や、イメージが違うと思われることがあるかもしれませんが、自分のありのまま、あるがままを取材していただいた、素の「上松範康」がそこにいますので、どうか温かい目で見てやってくださいな。

あ、あと、もしよければですが、気楽に読み終わった感想など、Ｔｗｉｔｔｅｒとかやってる方いましたら、なんでも書いてもらえたらＲＴしたり、絡ませていただくかもしれません（笑）。

さてさて、時は昭和にさかのぼり、小学校の初恋も含めた少年時代のお話から上松物語スタートです！

目次

Chapter 1

音楽のルーツから探る、
上松範康サウンド

カオスが育てた上松範康

１９７８年３月１日に生まれた僕が育ったのは、長野県安曇野市。昔は南安曇郡穂高町といいました。

人口は僕のＴｗｉｔｔｅｒのフォロワー数よりも少ないくらいの、言うなればドがつく〝田舎〟。父方の祖父は脱サラをして会社経営をしていて、親父も脱サラをして楽器屋を経営、そして僕も脱サラをして今の職業になっているので、３代続いて同じ道をたどってきました。祖母は詩吟の全国大会で入賞したり、お琴をするような上品な人。そんな祖母から少しだけ、音楽家の血が僕に流れているのかもしれません。

そして母方の祖父は町会議員を16年くらい務めたような人で、簡単に言えば目立ちたがり屋（その血も明らかに流れています）。祖母は日本舞踊の先生で、〝ミス〇〇〟とか〝〇〇小町〟に選ばれるような美人さんだったみたい。それが僕の家族構成です。

家は自然豊かな安曇野にあって、親父の経営する楽器屋は松本にありました。布袋寅泰さんモデルのギターを売ったりもして、長野ではわりと有名な楽器屋だったようです。

親父はクラシック・ギターの演奏者で、フラメンコ・ギターの第一人者パコ・デ・ルシアとかジプシー・キングスとか、ラテン・ポップスを演奏する人だったんです。

おふくろは大正琴やピアノ、タップダンスやインド舞踊など多彩で、その当時になぜかヨガとかもやるような変わった人。そして何より、我が妹・上松美香を子供の頃からプロデュースした人です。インディアン・ハープ、つまり**アルパ**を妹とともに日本に広めようとしていました。

そんな妹が成長して、本格的にアルパに興味を持ち始めた頃、おふくろが彼女の才能に気づき、なんと縁あってキングレコードに所属することが決まったんです。パラグアイの音楽祭「グアランバレフェスティバル（フェスティバル・デ・タクアレ）」（1998年）で日本人初のアルパ奏者にまでなるなど、妹は順風満帆でした。

アルパ
スペイン語でハープという意味の撥弦楽器。弦は主に36本。パラグアイの民族的な楽器。楽譜を使わないで曲を覚える。

改めて振り返ると、僕の実家は不思議な家でした。朝ごはんを食べにリビングに行くと、妹は一心不乱にハープを弾いているし、おふくろは鏡の前でヨガをやっている。親父はといえばずっと経営についてボヤいている。バブル崩壊の直撃を食らって、家には結構な額の借金がありました。

そんな不思議な家のリビングで、僕だけひとり『ウゴウゴルーガ』を観ていました。

振り返ると、その〝カオス〟な子供時代こそが僕は自分のルーツだと思うんです。

子供の頃に親父が聴いていた民族音楽や、ラテン系のギター、そのフレーズや旋律などはＥｌｅｍｅｎｔｓ Ｇａｒｄｅｎ（エレメンツガーデン）の楽曲たちに生きていますし、何より音楽であれば何でも取り込んでしまう雑食性が子供の頃に養われました。我が家には本当にさまざまな音楽があふれていたんです。

そして僕は今経営者でもある。その血はきっと、親父や祖父から譲られたものでしょう。

親父の影響でいえば、我が家には劇場版アニメ『クラッシャージョウ』と

ウゴウゴルーガ
1992年10月5日から1994年3月25日にかけてフジテレビ系列で放送されていた子供向けバラエティ番組。

クラッシャージョウ
2160年の宇宙を舞台にした高千穂遙作のSF小説。1983年に劇場版アニメが公開された。

SF新世紀レンズマン
アメリカのSF作家E・E・スミス作の『レンズマン』を原作とする日本のアニメ映画。1984年7月7日公開。

超時空要塞マクロス 愛・おぼえていますか

か『**SF新世紀レンズマン**』とか『**超時空要塞マクロス 愛・おぼえていますか**』のVHSがあったので、好きでよく観ていました。

とくに『クラッシャージョウ』の**劇伴**は、今でも王道の劇伴として頭に焼き付いていています。

この三作品は、僕の中で「アニメの劇伴とはこうあるべきだ」という規範のようなものになっていますね。僕が作曲・オーケストレーションした『**キディ・ガーランド**』の劇伴は、まさに僕のルーツが生かされていた劇伴だったと思います。

触れてきた楽器とエレガ・サウンドの源流

今思えば両親の策略だったのかもしれませんが……3歳の頃に**ハモンドオルガン**に出会いました。当時ハモンドオルガンを取り扱っていたハモンドスズキという会社と組んで、ハモンドオルガン教室を日本に広めよう……みたいなことを実家の楽器屋でやっていて。3歳の僕はそのハモンドオルガン教

1982から1983年にTBS系列にて放送されたTVアニメ『超時空要塞マクロス』の劇場版作品。1984年7月21日公開。

劇伴
アニメ、TVドラマ、映画などで流れる劇中音楽。

キディ・ガーランド
2009年から2010年に独立UHF系列を中心に放送されたSFアニメ。2002年から2003年に放送された『キディ・グレイド』の続編。

ハモンド・オルガン
1934年にローレンス・ハモンドによって作られた楽器。トーンホイールという金属の歯車による音色が特徴。

室のマスコットのような存在だったそうです。

でもその頃から譜面というものが大嫌いで、基本的には先生の指を見て弾き方を覚えていた。

小学4年生の頃には、突然親父が「範康、お前にはリズム感が大事だ」とか言い出したことで、ドラムを習わされます。

たまたま実家の楽器屋の店長がドラムの先生だったので、その人に教えてもらって。……これも今思えばですが、知らず知らずのうちに両親の敷いた音楽家のレールに乗せられていたのかもしれません。そして同じく4年生の頃に合唱団に入ったのですが、そこでは「奇跡のボーイソプラノ」などとはやし立てられることになります。体の成長が遅くて、声変わりが中学2～3年の頃だったんです。

そのおかげで中学に上がってもソプラノで歌えました。そして、人生で初めて歌うことの面白さ、難しさ、ブレスの大切さ、ハーモニーの美しさといった、〝歌心〟というものを学びました。

そういう生活を送っていたので、中学生になっても音楽の成績はよかったし、褒められれば当然うれしかった。さらに、その頃僕は『**ドラゴンクエスト**』や『**ファイナルファンタジー**』といったRPG作品にのめり込んでいて、ゲーム音楽として自然とオーケストラに興味を持ち、その素晴らしさに魅せられていきました。

さて、次に僕はアルトサックスに興味をもちます。なぜなら、目立ちたがり屋だった僕は「アルトサックスってメチャクチャかっこいいし、なんだか女の子にもモテそうだな」と思ったからで（笑）。

そこで吹奏楽部に入るわけですが、なぜかドラムをやっていたことが裏目に出るんです。「えっ！　上松くんってドラムを3年もやっているの？　じゃあそれを生かしたほうがいいね！」ということで、パーカッションに回されてしまいました。花形だったサックスの争奪戦からあえなく敗退です。

ただ僕は、そこでとても重要なことを音楽の先生に教えてもらったんです。それは、僕が好きな『ドラゴンクエスト』や『ファイナルファンタジー』の音楽はオーケストラをイメージして制作されていましたが、「オーケストラと吹奏楽には大きな違いがある」ということ。オーケストラはヴァイオリ

ドラゴンクエスト
スクウェア・エニックスより発売されているRPGゲームシリーズ。第1作は1986年発売。

ファイナルファンタジー
スクウェア・エニックスより発売されているRPGゲームシリーズ。第1作は1987年発売。

ンやチェロなどの弦楽器も含み構成されますが、吹奏楽は息を吹いて音を出す管楽器を中心とした楽器で構成されているものなんです。

これは結果的な話ではありますが、吹奏楽を学んだことでオーケストラにも必要な打楽器系の基礎は養うことができました。加えて、打楽器は楽団における後列に配置されることが多いので、後ろから楽団全体を見渡すことができた。だからほかの金管楽器の扱い方も勉強できたんです。

吹奏楽やオーケストラに興味をもったことで、『ドラゴンクエスト』や『ファイナルファンタジー』といったゲーム音楽がさらに好きになり、僕は大きな影響を受けることになりました。

「ゲーム音楽って美しいなぁ」と子供なりに感動していましたが、まだ自分が音楽家になるなんて、そのときは考えもしなかった。

ゲームといえば、1992年には『ストリートファイターⅡ』にハマって、東京の国技館で行われた全国大会まで行ったこともありました。

その当時の僕は**ボンタン**がいちばんオシャレでかっこいいと思っていたからそれを履いて、異常に細いエナメルのベルトに、紫色のファーの付いた

ストリートファイターⅡ
1991年にアーケードゲームとして大ブームを巻き起こした、カプコン制作の対戦型格闘ゲーム。

ボンタン
不良が好んで着ていた変形学生服の一種。幅が広く裾が細い男子用ズボン。

キーホルダーを付けて上京したんですけど、そんな（ヤンキーのような）恰好をしていたのは僕だけで（笑）。それが生まれて初めての上京でした。

『ストⅡ』の音楽も全部覚えています。口ずさめるようなメロディの劇伴はとくに印象に残っていますね。

その当時は「親父の後を継いで楽器屋をやるのかな？」なんて漠然と思っていました。


音楽的な経験は小さい頃からたくさん積んでいましたけど、その当時の僕の夢には、まだ〝音楽家〟の文字はなかったんです。

『ストリートファイターⅡ』全国大会出場時にもらったTシャツ

上松少年の初恋

初恋のこととかって、すごくよく覚えているんですよ。まず保育園の頃に好きになったのがチカちゃんで、引っ越してお別れしてしまいました。小学2年生のときに好きになったのがマキちゃん。そのあとリカちゃんとナッちゃんを同時に好きになった。小学生の頃は〝恋多き男〟だったんです。でも自分から告白とかはいっさいできなかったから、一方的に思いを募らせていたことのほうが多かったですね。

初めて彼女ができたのは中学3年の頃。僕は吹奏楽部の部長だったのですが、その子はフルートを吹いていた後輩でした。「かわいい子だなぁ」と思って見ていたんですけど、ある日その子から告白されたんです。でも僕は部長だったから、後輩と付き合っていることがバレたらまずいと思って。だから「僕と5メートルくらい離れて歩いてね」と伝えたんです。責任感だけは昔から人一倍あったんですよね。

でもある日、どうしても彼女と電話で話したいと思ったんです。当時は携帯電話もLINEもメールもないから、意を決して彼女の実家に電話をするんですよ。「穂高中学校3年吹奏楽部部長の上松と申しますが、フルートの○○さんいらっしゃいますか？」って。

そんな淡い経験をしながら高校に上がったのですが、そこでひとりの体育教師と出会いました。柔道の授業でバンバン僕を投げてくるし、とにかく僕にはすごく厳しい先生だったんです。後に卒業するときに気づくんですけど、その先生、僕の最初の彼女だった○○さんのお父さんだった（笑）。僕が緊張しながら電話をかけたときに出ていたのが、その先生だったんです。「だからあんなに厳しかったのか……」って、卒業する頃まで気づかなかった（笑）。でもずっと厳しかったわけではなくて、バスケの授業で腕前を認められ、先生が顧問をしているバスケ部に誘ってもらえたり、たまに試合に出たりしていたんですけどね。

転調を教えてくれた「ＳＡＹ ＹＥＳ」とバンド時代

最初の頃に買ったＣＤはウッチャンナンチャンの番組から生まれた「マモー・ミモー　野望のテーマ ～情熱の嵐～」（１９９１年）で、次がとんねるずの「ガラガラヘビがやってくる」（１９９２年）とかで、その頃はまだ音楽を聴くという認識はなかったですね。

あとは嘉門達夫さんの「鼻から牛乳」（１９９２年）とか、バラエティ番組で盛り上がっていて、クラスではやっていた曲を、なんとなく聴いていた感じでした。

ただ、自発的にCDを買ったのはCHAGE and ASKAさんの「SAY YES」（１９９１年）で、これも結局は好きだった女の子がチャゲアスのことが大好きだったからなんですけどね（笑）。

だから音楽として好きとか嫌いというより、恋愛の歌詞だったので「これを聴いてあの子が感動しているのかぁ！」と思うことにドキドキしていただけ（笑）。

でも**この曲は今まで聴いていた音楽と違って、耳と心にメロディと歌詞が一体となってすっと入ってくる感じが、僕の中ですごく新しかった**。しかも当時、すでにたいていの曲は聴けば鍵盤で弾けたのに、この曲だけはなぜか弾けなかったんです。

その頃は不思議で、ずっと「なんでだろう？」と思っていたのですが、**後々**

になって分析してみると、この曲ってものすごく転調しているんです。なのにあんなにキャッチーな1曲として誰もが歌えるような曲になっている。

僕の作る曲に転調がいっぱい入っているのは、ここにルーツがあります。

あと影響を受けた音楽で言えば、『ドラゴンクエストⅣ』の2枚組サウンドトラックですね。オーケストラで演奏されたものも収録されていて、なじみのあるBGMがとても美しく聴こえたときに、ものすごく感動したのを覚えています。そこで生音の音質とか、広がりを感じることができたことも大きかったと思います。

『ファイナルファンタジーⅣ』のサントラも大好きだったから、僕の目覚ましはずっとチャゲアスか『ドラゴンクエスト』か『ファイナルファンタジー』でした。

アニメでは前にも挙げた『クラッシャージョウ』なんかが好きでしたが、**『AKIRA』も当時は衝撃を受けましたね。**

芸能山城組が担当していた声や呼吸音を使った劇伴は、**僕が後に担当することになる『喰霊-零-』にその影響を聴くことができると思います。**

ドラゴンクエストⅣ
『ドラゴンクエスト』シリーズ第4作目。サブタイトルは『導かれし者たち』。

AKIRA
大友克洋による日本の漫画。1988年に大友克洋監督・脚本のもと劇場アニメが公開された。

喰霊-零-
角川書店発行『月刊コミックエース』にて連載された『喰霊』を原作とするTVアニメ。2008年に独立UHF系列を中心に放送された。

あとはＫＡＮさんの「愛は勝つ」（１９９０年）、大事ＭＡＮブラザーズバンドの「それが大事」（１９９１年）など、自分で好きで買って聴くというよりテレビとかクラスではやっているから聴く、くらいのものが多かった。

正直なことを言うと、音楽を作ることに対しては興味が尽きないのですが、今も聴くことに対してはあまり興味がないんです。

だから自分のルーツをたどっていくと、いちばん音楽を聴いて吸収していたのって小中学生の頃だったのかもしれません。

そして高校生になると、さも当然かのように、モテたくてバンドを始めます。

やはり花形はヴォーカル兼ギターで、〝高校デビュー〟を夢見て頑張ろうとするんですけど、そこでまたドラムやパーカッションをやっていた過去が、僕の〝モテ〟の邪魔をするんですよ。

学生バンドってドラムのなり手がほとんどいないから、「上松、ドラムできるんだろ？　ドラムだけ空いてるんだけどやる？」と誘われて。本当はギターヴォーカルをやりたかったけど、「……はい、やります」と受け入れるしかなくて(笑)。

ただ「バンドやりたい」と言いながら、当時の僕はバンドがどういうものかよくわかっていなかった。ロック・バンドの曲なんてほとんど聴いたことがなかったから。

そこで今までまったく知らなかったBOØWYやB'zの音楽に出会って、1年くらいそんなバンドの曲をみんなで練習しました。

2年生になると、エアロスミスを聴き始めます。すると「これがB'zのルーツなのでは……?」と気づいたり、当時はとにかくロックについていろいろな発見を繰り返していて。

バンドのメンバーから渡されるCDを聴くたびに「こんな曲があるのかー!」と感動していました。

だんだんとドラムの腕が上がってくると、ドラマーって人口が少ないからほかのバンドのヘルプをするようになるんです。すると別のバンドでBUCK-TICKを演奏したり、「ニルヴァーナやりたいから上松も上半身だけ裸になってくれ」と頼まれて脱いだり(笑)。

でも子供の頃からドラムをやっていたおかげで、曲を聴けばすぐたたけたんです。〝ドラムの傭兵〟みたいな感じでいろいろなバンドのヘルプをやっていました。

そんななか、スキッド・ロウというアメリカのハードロック・バンドに出会ったとき「やばい。これはかっこいい……！」と衝撃を受けて、本格的なロック・サウンドに目覚めるわけです。

そうなると、どんどんドラムのキック（バスドラム）の音も重くなるし、ドラム・セッティングのタムやシンバルも増えていって。

僕が作る水樹奈々ちゃんをはじめとしたロックサウンド系のルーツは、そんな高校バンド時代に養われたものです。

でも、高校の頃はまだデジタルミュージックにはいっさい触れていなかった。デジタルミュージックとの出会いは、上京してからになります。

作曲の芽生え

ドラムを一生懸命やっていたので、ハモンドオルガンをやめてしまってからは鍵盤に触る機会が減ってしまっていたのですが、おばあちゃんの家にはグランドピアノがあったんです。

そのグランドピアノ、実は『うたの☆プリンスさまっ♪』にも出てくるピアノなんですが、それを少しずつ触るようになり、学校の音楽室でも、ピアノの音色がきれいで好きだったから、よく弾いていました。

初めは、ハモンドオルガンとは勝手が違うからうまくは弾けなかったんです。それでも見よう見まねで「……こうやってピアノを弾いていたらかわいい女の子が見ていてくれるかもしれない!!」なんて下心も助けてくれたおかげで、ちょっとずつ上達していきました。

その頃は他人の曲はあまり弾かずに、自分が「きれいだな」とか「気持ちいいな」と聴こえる音が出るままに鍵盤を押さえていたんです。

そしてそれがコードというものだと知り、またさらに弾けるようになってくると、今度は聴いたことがある曲、たとえばＨ Ｊｕｎｇｌｅ ｗｉｔｈ ｔ（ダウンタウンの浜田雅功と小室哲哉によるコラボレーションユニット）の

うたの☆
プリンスさまっ♪
２０１０年にブロッコリーより発売されたゲームで、アイドルを目指す男の子たちを巡るストーリー。女性を中心に絶大な人気を博しており、２０１１年にはアニメ化、２０１７年には舞台化もされている。

「WOW WAR TONIGHT〜時には起こせよムーヴメント〜」（1995年）を何となく弾いてみたり、そういうことをしていると、「あれ？ これって『**シティーハンター**』のエンディング曲（TM NETWORK「Get Wild」（1987年））とコード進行が同じだ」なんてことに気が付いて、「あ、同じ人が作った曲なんだ！」という発見がある。

そんな感じで、学校のピアノを使って独学のコード理論で遊んでいたら、ある日音楽の先生が、こう声をかけてくれました。

「**上松くんが今やっていることって、作曲なんだよ**」って。「え!?」と驚きましたが、そこで初めて気づくんです。

「**たしかに、自分が気持ちいいと思う音色をつないでいったら曲になるじゃん**」って。そこから作曲というものを意識するようになって、自分の曲を作り始めるんですけど、その当時作った曲もちゃんとひとつの作品になりました。それが『**ヤミと帽子と本の旅人**』（2002年）というPCゲームのイメージサウンドトラックに収録されている「花影睡粧」です。

このように僕の高校時代は、バンドとバスケと作曲の日々でした。**でも作**

シティーハンター
北条司による漫画作品を原作とするアニメ・映画作品。アニメは1987年の放送以降、第4シリーズまで続編が放送、三度のスペシャル版も制作されている。

ヤミと帽子と本の旅人
2002年に発売されたPCゲーム。2003年10月にはTVアニメ化もされている。

曲は、あくまでも趣味のひとつにすぎなかったんです。そして今でも僕の感覚的には、作曲って高校時代の音楽室で遊んでいたあの頃の延長という感じなんです。

学生時代は、何もかもが楽しかった。でも高校卒業後の進路を決めようと思ったとき、アメリカのバークリー音楽大学（マサチューセッツ州ボストン）の資料を取り寄せたんですけど、英語が難しくて断念してしまって。僕は料理をすることが大好きだったから料理学校の資料も取り寄せてみたんですけど、やはり音楽の道を志したいという気持ちのほうが強かった。

問題は、僕がいわゆる普通の勉強をしてこなかったことです。勉強がまったくダメだったから、音大への進学は無理だろうと初めからあきらめていました。

その頃すでに、東京の代々木にあるミューズ音楽院の存在は知っていました。ミューズ音楽院は、専門学校では当時珍しく文部省の認可校だったんです。さらにB'zの松本孝弘さんや、光田康典さん（『クロノ・トリガー』『ゼノギアス』『ファイナルファンタジーXV エピソード イグニス』などで知られるゲーム音楽家）の出身校でもあった。

音楽を続ける道を模索し始めた僕は、わりと早い段階で……高校2年の頃にはこの専門学校に行こうと決めていました。

そしてミューズ音楽院のコンポーザー／アレンジャー科を受験しました。試験は自作の曲を作ること。作曲のための機材が必要だったんですけど、反抗期だった僕は親父にはぜんぜん頼らなかったんです。

実家にはMTRとか当時の最新機材も置いていたんですが、カセットテープを駆使して多重録音して提出しました。

上京から始まった地獄の下積み時代

〝上京〟といいながら、最初に部屋を借りて住んだのは埼玉県和光市だったんです。東武東上線・和光市駅から徒歩13分、ロフト付きのワンルームで、友達を呼んでどんちゃん騒ぎしすぎて何度も追い出されそうになりました（苦笑）。

MTR（マルチ・トラック・レコーダー）
多重録音機。別々の楽器の音など、複数のトラックを録音・再生可能な録音機器のこと。

お金がないからとにかくバイトをしなければならないのですが、「東京で女の子が集まる場所はどこだ!?」という選択肢により、渋谷のセンター街にあるゲームセンターでバイトを始めたんです。

当時はプリクラ全盛期だったから、「時給もよくてゲームができて、女の子もたくさんいてバイト代までもらえる。ここはパラダイスだ!!」と思っていました。

そんなある日、のちに僕がバンドのメンバーとしてメジャー・デビューすることになるWHO,S WHOの「キーボーディスト募集」のオーディションを、ミューズ音楽院の先生からすすめられました。

当時、僕は譜面もまともに読めなければ鍵盤もちゃんと弾けなかった。それでもチャンスだと思って飛び込んでいき、デビューすることになるのですが、18歳の僕はそこで生まれて初めて業界の厳しさを知ることになったんです。

もしこのWHO,S WHOというバンドが100万枚売れてしまっていたら、僕はきっと天狗になってダメになっていたと思います。でもそう簡単に成功するほど、この業界は甘くなかった。

WHO,S WHO
1997年にメジャーデビューしたバンド。キーボードは上松範康。TVドラマ『流れ板7人』の主題歌「さらば恋人」をリリースした。

自分の力不足で事務所を辞めることになったのですが、そのとき、当時のマネージャーさんから「これからはDTMの時代だから。君は立派なアレンジャー（編曲家）になりなさい。そうじゃなければこれからの時代は生きていけない」というアドバイスをもらったんです。

考え方によっては〈一度挫折してから伸びていく〉というストーリーに不可欠な〈挫折〉を上京して1年目でいきなり経験できたのは、幸運だったのかもしれませんね。しかも少しだけでも音楽業界にパイプもできた。

じゃあ実際に編曲をやるにはどうすれば？となるのですが、そのタイミングで僕はリバーサイド・ミュージックという音楽制作会社と出会い、代表の河辺健宏さんの弟子になりました。

薄給で〝家来〟という名刺を持たされて雇われたんです。

その当時すでに妹の美香は人気があって、クラシックのCDアルバムは5万枚も売れていました。

そんな下積み時代のことでいまだに忘れられないのは、当時妹の仕事関係で出会った方から、「へぇ。お兄さんは河辺のところでゲームの音楽なんて

DTM
Desk Top Music。パソコンと電子楽器を接続して行なう音楽制作活動のこと。

作ってるんだ……河辺に何か仕事をあげるから、妹さんのことだけはよろしく頼むな」と言われたことです。

自分の師匠も、自分の仕事も馬鹿にされたような気持ちになり、当時の僕は深く傷つきました。

僕自身ＰＣゲームの音楽制作の仕事に誇りをもっていたし、ＰＣゲーム業界の皆さんは本当にいい方ばかりだったから、「ゲームの音楽なんて」と言われたことがすごく悔しくて。

その当時、**フロントウイングの山川竜一郎さん**や、**佐藤ひろ美**とも出会ったばかりの頃でした。

あのときの悔しい気持ちがあったから、「見返してやりたい！」という一心で頑張ることができた。だからこそ今の僕があるのかもしれません。「いつか見返してやる！　いつか見返してやる！」ってね。僕が21歳のときのことです。

僕の師匠の河辺さんは、当時観月ありささん、知念里奈さん、Ｆｏｌｄｅｒ５などの編曲を手掛けていた人だったのですが、同時にブロッコリーさんをはじめとするＰＣゲームメーカーさんからゲーム音楽の仕事も受けて

山川竜一郎
フロントウイング代表。フロントウイングの1作目であるＰＣゲーム『カナリア〜この想いを歌に乗せて〜』のエンディング曲「シールド」は、佐藤ひろ美さんの歌手としての、上松範康さんは作曲・編曲のデビュー曲。

佐藤ひろ美
２００５年に佐藤裕美から佐藤ひろ美に改名。

いました。

師匠は「音楽制作の仕事に貴賤はない」という人で、「どんな仕事でもやりきるのがプロだ」というモットーのもと、クオリティーの高い音楽を作っていました。

僕はそんな師匠のアシスタント業務全般と、荷物運び、車の運転までやっていたのですが、その当時持たされていた〝家来〟と書かれた名刺は、今も財布の中に入れていてお守りにしています。

あの頃は〝河辺の家来〟ということでいろいろな人からかわいがられましたね。ライブにお誘いいただいたときは「師匠！ ライブにご招待いただいたのですが、これに行くと3時間ほど師匠のそばに付けません。それでも興味があるのですが、勉強のため行って来てもいいですか？」と断りを入れて「わかった。勉強してこい」と言われて観に行ったりしていました。

この名刺がなければ、今の僕の人脈は生まれなかったでしょうね。つらい思いや悔しい思いもたくさんしましたけど、この〝家来〟名刺を持っていると、今でも「なんだってやれる！」という気持ちにさせてくれるんです。

でも、たった一度だけ、音楽を辞めようと思ったことがありました。

ちょうどおふくろが上京してきたとき、公園でふたりきりになって「……俺、もう仕事がきつい」という話をしたことがあるんです。その頃にはもう実家の楽器屋はなくなっていました。

でも妹は有名だったし、すごい売れっ子で。一方僕はと言えば、心にも時間にも余裕がなく、忙しくて家に帰れないから風呂にも入れないような日々。師匠から「上松、もう帰っていいぞ」と優しい言葉をかけられるんですけど、師匠が帰った後も、師匠の次の仕事のためにいろいろな準備があるから、家に帰る暇なんて本当になかった。睡眠時間は毎日だいたい3時間くらいだったかな。

休みも少ないし、当然のように不定期。今の若い方だったら上司にクレーム

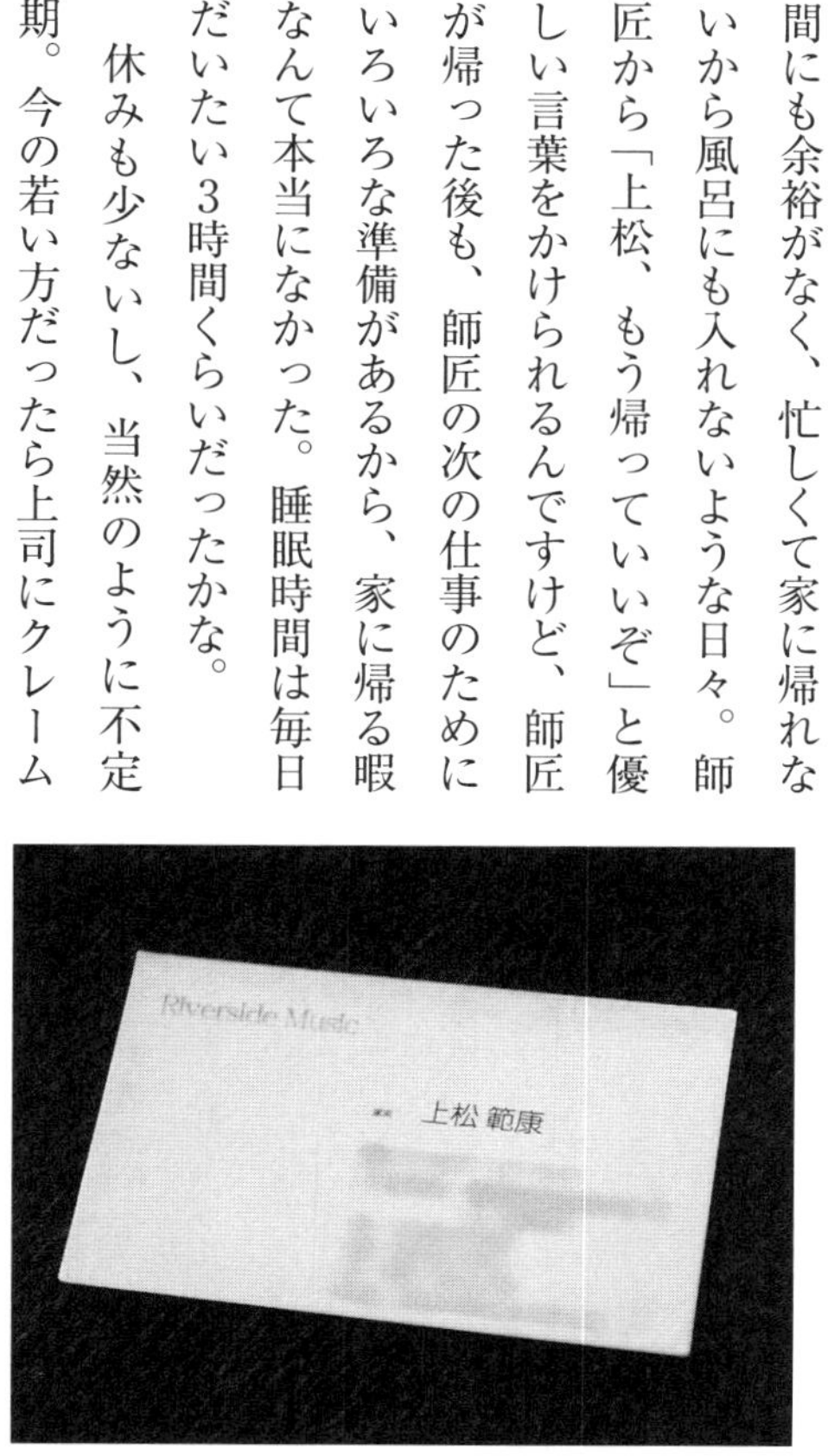

今でも持ち歩いている“家来”の名刺

のひとつも言うのかもしれませんが、僕は師匠に対して絶対にそんなことは言えなかった。

さらに苦しかったのは、その当時まだ家来だったので曲も満足に作らせてもらえなかったこと。そんななか僕は、ついに心が折れてしまったんです。

「……だからもう、辞めようかと思って」とおふくろに相談しました。すると、おふくろは僕にこう言ったんです。「**好きにしなさい**」って。

つまりは「すべてをリセットするのは自分自身。その勇気があるなら、自分で決めなさい」という意味です。

僕はおふくろから突き放されました。

ただ、もしそのとき「もう辞めていいのよ」と言われていたら、その言葉に甘えていたと思う。でもおふくろは、僕の中にもともとある強さを信じてくれていたんだと思います。

あの言葉がなかったら、僕自身の力で踏ん張ることはできなかった。そんな厳しいおふくろですが、決して僕を完全に突き放すわけではなくて、本当に困ったときはいつも助けてくれていたんです。

二十数年間、愛情をかけて育ててきてくれたおふくろから「好きにしなさい」と言われたことで、僕は自分の力で踏ん張れたのだと思います。

あの言葉がなければ、僕は音楽を辞めていたかもしれない。

師匠も、仕事に対しては厳しかったけれど、実はすごく優しかったんです。僕たちが何か失敗してしまっても、「任せた俺が悪い」と言って責任を取ってくれるような人だった。

毎日忙しくて、極限の精神状態でも続けることができたのは、ギリギリのところで人の愛や優しさに触れることができたから、だと思います。

仲間との出会い～佐藤ひろ美・藤田淳平・藤間仁・菊田大介～

Ｅｌｅｍｅｎｔｓ Ｇａｒｄｅｎの結成メンバーである藤田淳平、藤間仁、菊田大介と出会ったのもその頃です。

僕は師匠の〝家来〟を続けていたのですが、当時Ｊ-ＰＯＰ全盛の時代ということもあって、とにかく師匠のアシスタントが足りなかった。

そんなときに、僕の出身校であるミューズ音楽院で講師の仕事を募集していることを知ります。聞けば時給はなんと2000円以上！　薄給の僕からしたら、なんとしてでも欲しい仕事です。

ただ僕が講師をしてしまうと、その間師匠に付く人がいなくなる。だから普通に伝えては絶対に許されないと考えました。

そこで僕は「必ず精鋭となるアシスタントを連れてきます。だから週に1日だけ講師をやらせてください！」と師匠を説得しました。そして最初に出会ったのが藤田淳平です。「淳平くん。すごく楽しい仕事があるんだけどさぁ……」と誘い出しました（笑）。

そして次に、のちに妹の旦那になる藤間に声をかけて、リバーサイド・ミュージックに引き入れていきました。僕にとって講師の仕事は、週に一度キツイ仕事から解放される心のオアシスでした。

僕はつらいときや苦しいときこそ〝チャンスポイント〟が訪れる絶好の機会だと思っていて。菊田も生徒だったのですが、そんな仲間たちと出会えたミューズ音楽院の講師の仕事はまさに光明でした。

そんな頃、師匠が**初めて僕に作曲と編曲をやらせてくれたのが、佐藤裕美（現・佐藤ひろ美）のメジャー・デビュー曲「シールド」（2000年）です。**

しかも、**初めてなのにドラムのレコーディング・ディレクションまで全部僕に任せてくれました。**きっと試していたのでしょうけど、僕としてはものすごくうれしかった。

ただ、もともと僕がドラマーだったこともあって、自分の理想を押し付けるようなディレクションをすると、だんだんプレイヤーが不機嫌になっていくのがわかるんです。

そこで初めて、ディレクションでいいプレイを引き出すことの奥深さに触れることができました。

まずは第一に、プレイヤーの皆さんには気持ちよく演奏してもらうこと。

その大切さを知る前までは、譜面に音符をびっちり書いて「この通りやってくれ！」と主張していました。

でもそれが間違っていたことに気付いてからはやり方を変え、プレイヤーの方と「ここはどういう感じで演奏しましょうか？」と相談することで相手の考えや演奏を尊重するようにしています。そして自分的にとくに大事なポイントは「ここだけはわがままを聞いてもらってもいいですか?」とコミュニケーションを取って、それを受け入れてもらう。

そうすることでプレイヤーも気分よく演奏してくれるようになるんです。そういうことも、実際に経験してみなければわからないことだらけでした。

編曲をするようになると、師匠から給料とは別にギャラをいただくようになりました。まだまだ高くはなかったですが、ちゃんと仕事の対価を得ることの大切さと、音楽でご飯を食べていくことの難しさを改めて教えてもらいました。

そして僕の中で、「もっと曲を作りたい!」という欲求がわき出るのと同時に、対価をもらうことの〝怖さ〟も感じたんです。**つまり仕事に対する責任の芽生え**、というものでした。

僕はリバーサイド・ミュージックで経理も手伝っていたので、自分の仕事がいくらで、それに対していくら僕に支払われ、いくら会社に残るかまですべてを把握していました。

そうすることで、音楽制作における予算の内訳と、作家の価値や責任についても学ぶことができたんです。

その経験は今の経営に生きています。

「編曲は3時間で終わらせろ！」下積み時代の仕事量

師匠から言われたことでよく覚えているのは、「編曲は3時間で終わらせろ！」という言葉です。信じられないような話ですけど、師匠は自身で手掛けた曲はどんなヒット曲であっても、僕の目の前で、3時間で仕上げていました。

曲にもよりますが、通常は1曲仕上げるのに丸1日から2、3日。場合によってはもっとかかるのに、です。

さらに師匠のすごかったところは、編曲して打ち込んで終わり、ではなく、すべての楽器を実際に自分で演奏して、仮のレコーディングをしていたところです。

ギター、ベース、パーカッションまで全部自分で**プリプロ**するところまで含めて合計3時間。師匠は「これがプロの仕事だ」と言って、それをずっと続けていました。

僕や藤田や藤間は、そんな師匠の仕事ぶりを見ていて「プロとはここまですごいのか。師匠には勝てない」と悟ったんです。僕にとっては、やはり世界一の音楽の師匠ですね。

２００２年になると、**リバーサイド・ミュージック内で師匠の河辺さんを中心に僕と藤田、藤間で音楽制作チームｆｅｅｌ（フィール）を結成します。**

僕は師匠に対する参謀的な立場で「このメーカーさんのゲームは面白いですよ」とか「このメーカーさんはこういう作品を作っていて」といった情報を伝えたり、「このシナリオだったらこういう曲調はどうですか？」などと提案していました。

その経験が、プロデューサーとしての基礎を養ってくれたと思っています。

そういうことをしていると、師匠が僕のやる気を見抜いてくれたのか、いろいろな仕事を任せてくれるようになりました。「もっとメーカーさんに営

プリプロ
Pre-Production（プリプロダクション）の略称。本番のレコーディングの前に行なう事前準備全般を指す。

業したいです！」と言ったら、ゲームメーカーへの営業にも行かせてくれました。

そんななか次第に、僕の中で「淳平や藤間の才能が生きる仕事ってどんな仕事だろう？」と考えるようになります。**営業やマネジメント、そして経理など、今に通じる経営的な目線はこのときから生まれました**。このｆｅｅｌ時代は、佐藤裕美の曲だけでも１００曲以上は作りましたね。

そんな佐藤のおかげで僕たちの知名度もＰＣゲーム業界内では少しずつ上がってきて、よりいっそう張り合いが生まれてきた頃です。

僕は２０１７年、作詞と作曲合わせて70曲くらいしか書いていないのですが、**あの当時はいちばん忙しい時期で、歌ものとＢＧＭを合わせて年間３００曲とかやっていたんです**。たくさんあったＰＣゲームのお仕事と、佐藤裕美の楽曲制作、そして当時のブロッコリーさんから山のように楽曲制作の依頼があった時期です。

本当に寝る暇がないくらい忙しかったのですが、とにかく作るのが楽しくて、作りたくて仕方なかった。それは淳平も藤間も同じで、僕と同じくらいふたりも仕事をしていたと思います。

あの当時のことは……もはやちょっとトラウマというか（苦笑）。作るのが楽しすぎたので、仕事を逃してしまうことに対して、なぜか強迫的な怖さを感じていました。

「ひとつでも仕事を逃してしまうと、もう次が来ないのではないか」「音楽制作の仕事ができなくなるんじゃないか」って。感じる必要のない無用な恐怖もあったと思いますし、あのままのスタイルで仕事を続けていたら、きっと精神的に壊れていたでしょうね。

この頃の思い出深い作品といえば、**初めてアニメの劇伴をやらせていただいたTVアニメ『おねがい☆ツインズ』です。**KOTOKOさんと佐藤がデュエットした「Second Flight」で、佐藤は初めてTVアニメの主題歌を担当することになり、僕も初めてアニメ作品にかかわることができた、思い出深い作品です。

おねがい☆ツインズ
2003年にWOWOWにて放送されたアニメ作品。2002年に同局にて放送された『おねがい☆ティーチャー』の続編。

Ｅｌｅｍｅｎｔｓ Ｇａｒｄｅｎならではのサウンドが誕生

Ｅｌｅｍｅｎｔｓ Ｇａｒｄｅｎは、ある日、淳平と藤間がエレガの構想を僕のところにもってきたことから生まれました。**「音楽制作チームで、新しいブランドを作りましょうよ！」**って。

Ｅｌｅｍｅｎｔｓ Ｇａｒｄｅｎという名前も、当時の佐藤のマネジメント担当で今はＫＡＤＯＫＡＷＡの音楽プロデューサーとして活躍中の若林豪さんがつけたものです。みんなの意欲を受けて、応えたいと思い、Ｅｌｅｍｅｎｔｓ Ｇａｒｄｅｎの代表になったんです。

モデルとしては、札幌の大先輩である**Ｉ'ｖｅ**さんがいたので、ＰＣゲーム業界では音楽制作チームのブランド化というのはわかりやすいだろうとも思っていました。

Ｉ'ｖｅの高瀬一矢さんは、エレガを立ち上げたばかりの頃に大量の栄養ドリンクを持って「上松！　頑張れよ！」とわざわざ東京まで応援に来てくれ

Ｉ'ｖｅ（アイブ）
KOTOKOのプロデュースを手掛ける高瀬一矢を代表とするサウンドクリエイター集団。

たんです。今でも頭が上がらない先輩のひとりですね。あれは2004年3月だから、僕が26歳になったばかりのことです。『おねがい☆ツインズ』でランティスさんとのご縁が生まれて、2004年に栗林みな実さん（現Minami）が歌う『**クロノクルセイド**』のオープニングテーマ「翼はPleasure Line」（2004年）で初めてアニメの主題歌を担当させていただきました。

この当時の僕は、**今後自分たちをブランド化するなら、ブランドカラーは「ストリングスの速いパッセージとロックを混ぜたシンフォニック・ロックサウンドだ」**と漠然と決めていて、それを実践した最初の曲が「翼はPleasure Line」だったんです。

なぜその方法論に行き着いたかというと……昔、レコーディングの現場に行くと、ストリングス奏者の皆さんから「君の書く楽譜は難しい！」と、よく怒られていたんです。

僕がとても尊敬するバイオリニストで、MISIAやSMAPなどのお仕事で有名な弦一徹こと落合徹也さんにも「難しい」と怒られました（笑）。

クロノクルセイド
2003年よりフジテレビにて放送された、ゴシックな世界観のアニメ作品。森山大輔の漫画作品を原作とする。

ストリングス
弦楽器、および弦楽器を主に用いる音楽を指す。

パッセージ
音楽用語として、楽曲の中で旋律音の間を経過的につなぐ急速な音の一群。

そこでひらめいたんです。**「待てよ？　つまりは落合さんが怒り出すくらいパッセージの速い歌モノのポップスを作れば、それってまだこの世の中に存在していない曲なのでは？」**って。

そこでランティスの当時副社長だった伊藤（善之）さんにデモを聴かせたところ、「面白いねー。とにかくドラマチックだ」と言ってくれて。「あ、これはいける」と確信したんです。

案の定、弦一徹ストリングスを率いる落合さんには「人間の弾く譜面じゃない！」とレコーディングでたくさん怒られましたけどね（笑）。

そしてこの曲では運命の再会もありました。僕のミューズ音楽院時代の先生でもあり、現GRANRODEOのe-ZUKAこと飯塚昌明さんにギターを弾いてもらったんです。そうそう、ドラムは村石（雅行）さんにたたいてもらって、作詞は皆さんおなじみの畑亜貴さん。そこに栗林みな実さんが美しい歌声を合わせてくれて完成したあの曲は、ヒット曲になりました。

「翼はPleasure Line」には僕にとって基礎的といえる要素が詰まっています。チャゲアスから学んだ転調、テクニカルな要素は間奏で聴かせて、だけどサビはとにかくキャッチーで……とか。そしてそれらを違和感なく1曲にまとめることもそう。

あと、やはり『クロノクルセイド』というファンタジー作品が土台にあったことも大きかったと思います。

「翼はＰｌｅａｓｕｒｅ Ｌ・ｉｎｅ」がテレビから流れたとき、隣にはまだ僕のアシスタントだった菊田がいて「こんなにもうれしいことってあるんだね」と話しかけたのを覚えています。

この曲のオファーをもらったときはまだリバーサイド・ミュージックに勤めていたのですが、テレビ放送が始まった頃には、もう会社を辞めていました。

新たな船出を迎えたばかりの頃でしたが、「翼はＰｌｅａｓｕｒｅ Ｌ・ｉｎｅ」が評価されたことで、Ｅｌｅｍｅｎｔｓ Ｇａｒｄｅｎを頑張っていこうと、より決意が固くなったんです。

エレガという守るべき場所が生まれたからには、僕はどんなことがあっても、信頼してくれる仲間たちを守ろうと決意しました。

でも、今だからこそ、ふと思うことがあります。あのときエレガを作らずにずっとフリーの作曲家だったら、どんな〝現在〟になっていたんだろう？って。

NORIYASU AGEMATSU × HIROMI SATO

上松範康×佐藤ひろ美

長年の付き合いであるふたりが過ごした青春時代。
会社を立ち上げた当初の貴重なお話が満載です。

上松　時が流れて、僕たちもずいぶんと変わりましたね。

佐藤　昔は私のアコースティックライブのキーボード伴奏をやってくれたこともあったし(笑)。

上松　僕が運転手兼キーボーディストとして車で北海道まで行ったときね(笑)。僕たちのデビューのきっかけをくださったのはフロントウイングの山川さんだけど、いまだに仕事の付き合いがあるもんね。山川さんと出会わなければ、今の僕たちはなかったかもしれない。

佐藤　私のデビュー曲「シールド」(２０００年・ＰＣゲーム『カナリア』エンディング曲)が上松さんにとってもデビュー作だから、あれから数えてもう18年くらいたちました。

上松　佐藤ひろ美の曲だけで１００曲以上は作ったんじゃないかな?

Profile

さとうひろみ●株式会社Sの代表取締役社長。2016年まで声優・歌手として活動。2007年にアーティストマネジメント会社「株式会社S」を設立。所属アーティストのプロデュース・マネージメントを手掛けている。

佐藤　2004年に株式会社シーエムアイ音楽事業部をふたりで立ち上げた当初は、上松さんが作曲して、藤間くんが編曲して、私が歌って、淳平くんがミックスして……って、全部自分たちでやってたもんね（笑）。「スタッフたちを食べさせるために、とにかくいい音楽を作ろう！」って。淳平くんがミックスした曲をみんなで狭いスタジオに集まって、ラジカセで聴きながらあーでもないこーでもないと語り合って。

上松　昔は音楽の制作費をメーカーさんからもらうと、すごいバカだから全額注ぎ込んで作ってたもんね。たまに120％注ぎ込んで大赤字で会社が傾いたり（笑）。

佐藤　私が怒って「バカじゃないの!!」って（笑）。お金はぜんぜんなかったけど、社員たちにはちゃんと給料を払わないといけない。だから私たちふたりはずっと無給で仕事してました。

上松　事務所の和室に800キロもある巨大な中古のヴォーカルブースを20万くらいで買って入れて、スタジオ代を節約したり。そこでたくさん歌も録ったね。

佐藤　あんなワケのわからないスタジオで、水樹奈々さんとか田村ゆかりさんも歌録りしてたけど、今考えたら申し訳ない気持ちになります（苦笑）。

上松　家に帰る暇がなくてずーっと事務所に寝泊まりしていて、そのヴォーカルブースで寝たりもしていました。ヴォーカルブースって気密性が高いから、寝ていると酸欠になって手足がしびれてくる。そのしびれで目が覚めるっていう（笑）。

佐藤　今だから笑えるけど、一歩間違えたら死んでるからね。

上松　でもそれくらいバカだった。仕事に全振りしすぎていて、ほかのことを考える頭がなかったんだと思う。

佐藤　毎朝、Ｅｌｅｍｅｎｔｓ Ｇａｒｄｅｎの誰かが脱ぎ散らかした靴下を拾って「片っぽしかないけどこれ誰の!?　片づけて!!」みたいなこともやってたなー。

上松　会議のときはご飯を作ってみんなで食べたし、大家族みたいだったよねホントに（苦笑）。

佐藤　私にとっては、下積みというより青春時代みたいな感じ。大変だったけど、一生懸命だったからつらいとはあまり思わなかった。

上松　とにかく楽しかったたし、いつも笑っていたよね。

佐藤　あの頃はまさかこんな会社になるなんて思ってもいなかったけど、昔の〈ヴォーカリストと作曲家〉という距離感からは、実は今もさほど変わってない気はしています。私はタレントたちを育てて、上松さんは音楽を作る。完全に仕事がかぶることがなく分業できているから、うまくいっているんだろうなと、これだけ長く仕事をしていると感じます。あと変わらないことは、とにかく上松さんは音楽に対して真摯なところ。音楽を作ることに対して、こんなに真面目な人にはほかに会ったことがないです。それ以外は超不真面目ですけど。

上松　うん、自負はある（一同笑）。

佐藤　仕事に対する取組みに関しては誰よりもストイック。だから一緒に仕事をしていて今も身が引き締まります。「私もまだまだ頑張らないと！」って。変わったところで言えば、人間的に丸くなったし、優しくなったかな。

上松　昔はヴォーカリスト佐藤ひろ美に対して、きつく当たることもあったもんね。自分の理想を追求するあまり、妥協点を見いだすことができずにひたすらに追い込んだりしていて。歌はピッチ（音程）も大事だけど、それ以上に心が大事。頭では理解しているのに、「もっといい歌があるはず」と追求するあまり、言葉として「大丈夫、心が大事だよ」とは言えなかった。よく言えば完璧主義なのかもしれないけど、人の気持ちを度外視していたからね。そうやって、音楽になると人の個性を許容できなかった自分については、今すごく反省をしています。あの頃は本当に自己中だった。

佐藤　それからは遠慮せずに、とことん話し合いました。

上松　自己中のままでは、僕の周りから人がいなくなると思ったから。誰もついてきてくれなくなるって。本心を言うなら、本当は今もエレガを仕切っていたいし、編曲だってしたい。自分でやってきたことは手放したくはないから。でも人に任せることで、自分でも気づけなかった可能性が伸びていくし、結果的に人が育ちます。それを経営者として学びました。

佐藤　本当に大人になったよね。私も歌手活動を引退しましたけど、その相談をして「辞めるべきじゃない？」と背中を押してくれたのも上松さんだったから。

上松　近くで苦しんでいたのを見ていたからね。Ｆａｙｌａｎや蒼井翔太やＳのタレントたちを愛する気持ちを抱えながら、自分の好きな音楽活動まではやり切れず、そのはざまで苦しそうにしていた姿を。全部に100％の愛情を注ぎたいけど注げない苦悩が見ていてわかったから。僕がエレガの方針や編曲にかかわらないことにしたように、佐藤も捨てなければならない道があるんじゃないかと思って。

佐藤　忙しすぎて、ずっと体を壊していたしね。すごく悩んだし、ファンの皆さんには申し訳なかったけど、自分を頼ってくれているタレントたちやスタッフたちを幸せにすることを、自分のいちばんの使命であり喜びにしようと決めました。

上松　僕はそんな佐藤ひろ美に対して、喜んで介錯しようと思ったから。これは僕にしかできないことだと。

佐藤　それなのに、ラストライブのステージに上がった上松さんが「歌辞めないでよー！」って号泣したんですよ!?　私もう笑っちゃって(笑)。「お前が辞めろって言ったんだろう！」って。

上松　あの時は共同経営者の自分じゃなくて、作曲家としての自分が出てきちゃった(笑)。それくらいラストライブが素晴らしかったんです。

佐藤　長い付き合いになるけど、あんなに泣いている上松さん見たの初めてだった(笑)。

上松　そんな僕と、長く仕事を続けてきた秘訣は？

佐藤　バチバチにやり合ったこともたくさんあるけど、結局私は上松さんの音楽のファンだから。音楽に関する発想は天才的です。上松さんの音楽のファンだという人がいるなら、「私のほうが絶対にファンだから！」と言えるくらい

（笑）。あと性格が正反対だから、物事を違う視点でとらえてくれる。株式会社Sのこともアリアのことも、違う意見を持っているからこそアドバイスになるから。

上松　佐藤ひろ美をはじめ、エレガのメンバーや社員たちは自分の人生を削って僕を信じてくれているんです。つまりは命や財産を削ってくれているわけで、僕はそんなみんなを守り切りたい。そしていつか人生を終えるときが来たら、「いい人生だった」と思ってもらいたい。だから僕はこれからも作り続けるんだと思う。ありがたいことに、奈々ちゃんや三嶋さん、金子さん、そして佐藤ひろ美、みんなが僕の作る音楽が好きだと言ってくれていて、そんなみんなのためにも人生を捧げて音楽を作り続けなければならないと思っています。僕が信頼しているみんなに喜んでもらうことが、いちばんのごほうびなので。僕がこう思い続けているかぎりは、アリア・エンターテインメントは強くなり続けるんじゃないかなって。

佐藤　これからは、エレガのメンバーやスタッフたちも強くなることで、上松さんが音楽制作に集中できる時間をもっと作れるといいなって。上松さんを自由にしてあげることも、私の大事な仕事のひとつだと思う。だって私は、世界一の上松サウンドのファンだからね！

Chapter 2

戦友・水樹奈々

～高め合っていくふたりの天才～

水樹奈々「ETERNAL BLAZE」2005年10月19日発売

必殺の名曲「ETERNAL BLAZE」誕生秘話

僕がＥｌｅｍｅｎｔｓ Ｇａｒｄｅｎのブランドカラーを注ぎ込んで最初に作った「翼はＰｌｅａｓｕｒｅ Ｌｉｎｅ」を、奈々ちゃんが偶然ラジオで聴いてくれていたそうです。

そして、まだアニメ業界では無名に等しかった僕に、**キングレコード**の三嶋章夫さんがオファーをくださいました。**「水樹奈々のために新曲を書いてほしい」**と。

そのときの僕は、うれしいという感情とともに、突然やってきたチャンスポイントの大きさに戸惑っていましたね。最初にブランドとして打ち出そうとしていたシンフォニック・ロックサウンドが、こうも早く受け入れられるとは思っていなかったから。

三嶋さんから発注を受けて初めて奈々ちゃんに書いた曲が「Ｔｅａｒｓ, Ｎｉｇｈｔ」（２００４年）です。

キングレコード
１９３１年に講談社の音楽部門として発足した日本の老舗レコード会社。アニメ・声優部門「キング・アミューズメント・クリエイティブ本部」には、林原めぐみや水樹奈々など日本を代表する声優アーティストが所属している。

発注を受けて、初めは「翼はＰｌｅａｓｕｒｅ Ｌｉｎｅ」を進化させたような曲を作ろうと思ったのですが、参考に奈々ちゃんのライブを拝見したら、ハイレベルな歌唱力と、彼女のもっているエネルギーに圧倒されました。同時に、これはアルバム『ＡＬＩＶＥ ＆ ＫＩＣＫＩＮＧ』（２００４年）の中に収録するノンタイアップ曲だったから、逆にチャンスだとも考えたんです。

タイアップがついているとある程度内容に合わせた曲にしないといけないけれど、今回は自由に作れる。しかも僕以外に参加しているのは、矢吹俊郎さんや大平勉さん、本間昭光さんといったベテランばかり。**「これは自分の存在感を示す大きなチャンスだ」**と思いました。

この曲のオファーを受ける際、三嶋さんは「ライブが……」「ライブで……」「ライブを……」と言っていて、とにかくライブを意識していることがわかりました。

だったら、アルバムの中でいちばんライブ映えする曲を作ろうと思ったんです。

そこでオーディエンスが掛け声とともにノリやすい8ビートと、インパクトのあるシンフォニックなストリングスを掛け合わせていけば、いちばんライブで映える曲、つまりいちばん〝水樹奈々〟というアーティストにふさわしい曲になるんじゃないかと思い作り上げていきました。

その仕事ぶりを認めていただけたのか、次回作のアルバム『HYBRID UNIVERSE』(2006年)では全14曲中9曲がElements Gardenの提供曲になったんです。

そして「Tears' Night」の次に奈々ちゃんに書いたのが、TVアニメ『**魔法少女リリカルなのはA's**』のオープニング・テーマ「ETERNAL BLAZE」(2005年)です。この曲で僕は、水樹奈々のすごさに驚くことになりました。

この曲は**コンペ**で選ばれた曲なので、「Tears' Night」と違って指名ではありませんでした。そして実はこの曲、最初のデモから3回リテイクをして今の形になっているんです。

つまり奈々ちゃんは「絶対にこの曲なんだけど、もっとよくなるはず」と

魔法少女リリカルなのはA's
2005年から独立UHF局にて放送されたTVアニメ作品。2004年に同局にて放送された『魔法少女リリカルなのは』の続編

コンペ
Competition(コンペティション)の略称。複数の作品を競い合わせ、より優れているものを選ぶこと。

数あるデモの中からこの曲を選び出し、さらに妥協せず納得がいくまで修正を繰り返した。その結果この曲は、最初のデモを遥かに超えた素晴らしい曲になりました。

今では彼女とたくさん仕事を重ねてきましたが、**「絶対にこれ！」という意見に関しては、その判断についていきたいと思わせる人だと感じました。**だから決めたんです。彼女の曲は何度リテイクがきても、必ず一緒に作り上げていこうと。

出会った頃の彼女は昔からプロデューサーやディレクターの話をよく聞く人でした。

その当時の彼女は、曲に対してどう自分の色を出すかを突き詰めるタイプだった。だから僕も「こういう曲にしたい」という話がしやすくて、しかも僕の意見をしっかりと乗りこなしてくれる。

作り手の思いをすべてくんで応えてくれるから、こんなに仕事をしていて楽しいシンガーはいないと思いましたね。

素晴らしいヴォーカリストに出会ってしまったがために、**ここから僕と水**

樹奈々による〈本気の殴り合い〉ともいうべき、音楽制作による〝高め合い〟が始まりました。

三嶋さんは毎回奈々ちゃんのライブに誘ってくれました。

そしてライブを観るたびにパワーアップしていく彼女のエネルギーを、僕は目の当たりにするわけです。ライブでのパフォーマンスはまるで「私はこのレベルまできたよ」と僕に伝えてくれているかのようで。そしてそのエネルギーを僕が吸収して、彼女の曲を作り上げる。不思議なことなのですが、奈々ちゃんのライブを観ていちばんモチベーションが上がっているときに、彼女の曲を書けるチャンスがコンペで巡ってくるんです。僕をライブに招待してモチベーションを上げるのも、もしかすると三嶋さんの作戦なのかもしれませんね。

水樹奈々のまだ見ぬポテンシャルや、放出していくエネルギーや、これからもっと大きくなるであろう会場を想定したときに、どんな曲を届けるのが彼女にとってふさわしいのかどうか。ぐるぐると頭を巡らせていきながら、曲としてまとめていく。

キーも最初の頃はさほど高くなかったのですが、どんどんと高くなっていきました。スタジオのブースで最初はつらそうに歌っていても、3回も歌う頃にはもう乗りこなしていて、自分の曲にしてしまう。

どんな高いハードルも次々と越えていくし、しまいにはライブのステージ上でダッシュしながら歌ってもみせる。あれは彼女の**「もっと強い曲を作ってみせてよ！」**という意思表示だと僕は思っていて。僕はそんな水樹奈々の姿を見ながら**「これも乗りこなしてしまうなら、まだまだ、もっとやれることがあるぞ」**と考える。

つまり、**これが僕と彼女の〈本気の殴り合い〉で、これを繰り返すことでお互いがどんどん強くなっていく**んです。

出会った頃は僕が26歳で、奈々ちゃんが24歳。今思えば、お互いに若かったからできたことかもしれません。

奈々ちゃんに提供した曲のひとつ「BRAVE PHOENIX」（2006年・『魔法少女リリカルなのはA's』第12話挿入歌）では、**僕の作詞の才能も引き出してもらいました。**

それまでも佐藤裕美の「Angelic Symphony」（2004年・PCゲーム『**ギャラクシーエンジェル Eternal Lovers**』オープニングテーマ）や、富田麻帆ちゃんの「Wing of Destiny」（2006年・PS2専用ソフト『**ギャラクシーエンジェルⅡ 絶対領域の扉**』主題歌）などで作詞はしていたので、僕は「**ここで三嶋さんに歌詞を認めてもらいたい！**」と思い、頼まれてもいないのに自発的に仮の歌詞を書いて送ったんです。『魔法少女リリカルなのは』について自分なりに勉強し研究して、『A，s』第12話の挿入歌としてもっともふさわしいと思える曲を作り、歌詞を書こうと思って頑張りました。そういう思いが詰まった歌詞を、三嶋さんは認めてくださったんです。

ただ、シリーズ最初の『**魔法少女リリカルなのは**』の第12話では矢吹俊郎さんが「Take a shot」という最高の曲を挿入歌として提供されていたので、ものすごくプレッシャーに感じたのを覚えています。

そのプレッシャーに負けずに作った「BRAVE PHOENIX」を高く評価していただけたのはうれしかったですね。

ギャラクシーエンジェル Eternal Lovers
2004年にブロッコリーから発売されたアドベンチャー&シミュレーションゲーム。2005年にはPlayStation2でも発売された。

ギャラクシーエンジェルⅡ 絶対領域の扉
ブロッコリーによるメディアミックス作品。アニメ第1期は2001年より放送された。

魔法少女リリカルなのは
2000年にJANISから発売されたPCゲーム『とらいあんぐるハート3～Sweet Songs F

次に提供したのが作詞はしていませんが、PS2専用ソフト『**ワイルドアームズ ザ フィフスヴァンガード**』（2006年）の主題歌「Justice to Believe」（2006年）でした。

のちに『**戦姫絶唱シンフォギア**』シリーズでシナリオを手掛ける、今では大切な仲間である金子（彰史）さんと出会ったという意味でも思い出深いですね。

「DISCOTHEQUE」は〝家来〟時代の産物

僕が制作した奈々ちゃんの曲の中で、「ETERNAL BLAZE」の次にファンの皆さんに驚いていただけたのは「DISCOTHEQUE」（2008年・TVアニメ『**ロザリオとバンパイア CAPU2**』オープニングテーマ）だったんじゃないかと思います。

きっとみんなそれまでは「上松はシンフォニックロックしかやれないんだろう」と思っていたかもしれない。そこに180度違う角度から直球が飛ん

---

orever～』のスピンオフ作品。小学3年生の高町なのはが魔法の力を手に入れ、魔法少女として戦っていく。

ワイルドアームズ ザ フィフスヴァンガード
ソニー・コンピュータエンタテインメントより2006年に発売されたロールプレイングゲーム。『ワイルドアームズシリーズ』の第6作目。

戦姫絶唱シンフォギア
上松範康・金子彰史が原作を手掛けるTVアニメシリーズ。登場人物が歌いながら闘うという斬新なストーリーで、アフレコスタジオでアニメーション

できた、みたいな感じだと思います（笑）。
実はこういったディスコ系のポップミュージックって、僕が師匠の河辺さんに付いていた下積み時代に山のように作っていたＪ－ＰＯＰやアイドルソングにルーツがあるんです。

僕が家来だった時期は、ちょうどモーニング娘。にダンス☆マンさんが編曲を提供した「ＬＯＶＥマシーン」が大ブレイクし席巻した時期でもありました。ほかにも当時はＲ＆Ｂがメチャクチャ売れていたから、そういうリズムトラックも相当作っていましたね。

アニメの監督（稲垣隆行さん）から「ディスコでいきたい」というオファーを受けた三嶋さんからは、コンペが回ってくるときに「あげまっちゃん、ディスコなんてできないよね……」と言われたのですが、僕は「なるほどね。久しぶりにアレをやればいいんだな」と腑に落ちていて。

しかもアニメの１ｓｔシーズンの劇伴で田中公平さんが「チュルチュルパヤパヤ パッパパ♪」と歌っている曲を提供していたんです。ならば**アニメと田中公平さんへのリスペクトを込めて……ということで「ＤＩＳＣＯＴＨＥ**

に合わせて歌を録るという「歌アフレコ」という手法を取り入れてる。

ロザリオとバンパイアCAPU2
2008年10月より独立UHF局ほかにて放送されたアニメ作品。池田晃久による漫画『ロザリオとバンパイア』を原作としており、2008年1月より放送された同タイトルのアニメ作品の続編にあたる。

QUE」が生まれました。

「なんで上松が急にこんな曲調を!?」と当時たくさん言われましたけど、アニメと劇伴の中にそのヒントは隠れていたんです。

ディスコサウンド系のアレンジに至っては「こういうの作るの本当に久しぶりだなあ！」という感覚で、決して自分の中になかったものを無理やりもってきたわけではなく、そこで久しぶりにブラスアレンジを楽しんだらハマってしまった。

その楽しさが爆発したのがアルバム『ULTIMATE DIAMOND』の1曲目に収録されている「MARIA&JOKER」（2009年）ですね。

あれは個人的に最高に気持ちいい曲で、誰にもあのブラス感、コード感はまねできないだろうと思って作りました。

ああいった曲から垣間見える僕のジャズ感も不思議に思われる方がいるかもしれませんが、これはミューズ音楽院がもともとジャズの学校だったところにルーツがあるんです。

あの頃は**チック・コリア**の曲とかでセッションしまくっていました。

チック・コリア
60年代から活躍するジャズ・ピアニスト。ジャズから派生し80年代に流行したクロスオーバー／フュージョンの第一人者としても知られる。

あとジャミロクワイやインコグニートもはやっていましたね。
やはり青春時代に吸収したものって後々まで生きてくるから大事ですよね。**「MARIA&JOKER」の異常に難しいコード感は、フュージョンとかアシッドジャズ系のバンドからの影響なんです。**
そこにエレガとして追求してきたストリングスの要素も注ぎ込んだので、「MARIA&JOKER」は2009年の段階での集大成的な曲でもありました。

クラブで遊んだ経験が「Synchrogazer」に

ではTVアニメ『戦姫絶唱シンフォギア』シリーズのオープニングテーマたちである「Synchrogazer」(2012年)、「Vitalization」(2013年)、「Exterminate」(2015年)、「TESTAMENT」(2017年)のようなデジタル・サウンドのルーツはどこにあるかというと、実は若い頃に遊びまくっていたクラブにあります(笑)。

ジャミロクワイ
シンガーソングライターのジェイソン・ケイを中心に結成。90年代にアシッドジャズで世界的な成功を収めた。

インコグニート
アシッドジャズを流行させたバンドのひとつ。

学生時代、ゲーセンのバイトが終わったあとは雀荘でマージャンするか、クラブに遊びに行くかのどっちか。そして朝になったらパチンコ屋に行くという、寝る間も惜しんで遊びまくった本当にだらしない青春時代！

でも最初はクラブサウンドやダンス・ミュージックの魅力がよくわからず、とにかく女の子たちがいっぱいいて雰囲気が楽しいから、という正しくも不純な動機でクラブに通っていました。

そんなとき、当時ダンス系のＤＴＭを教わっていた先生に「お前はクラブサウンドやダンスミュージックがまるでわかってない。クラブに行くなら女の子ばかり見てないで、もっと実際に踊って音楽を感じてこい」と言われたんです。

意識して聴いてみると本当にそのとおりで、クラブで聴いていた音楽は僕からしたら専門学校で学んだジャズの方法論とは真逆と言ってもいいものだった。同じリズムとメロディを延々とループすることに何の面白みも感じられなかったんです。

でも繰り返しクラブに足を運んで、女の子には目もくれずにたくさん踊って、トランスのビートやサウンドで実際に〝トランスする〟感覚を味わって、やっと意味が飲み込めました。**「そうか！　同じリズムやフレーズをループするのって手を抜いているわけではなくて、ビートで気持ちよくなるために絶対に必要な要素だったんだ！」**って。

このサウンドのルーツをもっとさかのぼると、高校時代になります。当時、菅野よう子さんが手掛けた**『マクロスプラス』**（１９９４年）の四つ打ちのダンスミュージックと、オーケストラが融合した劇伴を聴いて、ものすごく衝撃を受けたんです。

どこまでも自由で、気持ちよくて、最高にかっこいい。一瞬にして菅野さんの音楽の虜になりました。

菅野さんの曲で衝撃を受けたのは、ダンスミュージックに限りません。たとえば、『マクロスプラス』のサウンドトラックに収録されている「Ｖｏｉｃｅｓ」は今でもピアノで弾けるくらい大好きな曲です。**高校時代に菅野さんの存在を意識したからこそ、いつかアニメの音楽に携わりたいと思った。**それくらい僕は菅野さんに対する強い憧れを持っているんです。

マクロスプラス
TVアニメ『超時空要塞マクロス』の続編として1994年より発売されたOVA作品。全4話。

さて、クラブに行ってトランスを浴びてきては、ＤＴＭのパソコンの前に座り〈なぜトランスは気持ちいいのか〉の研究をしていると、どうやらキックに秘密があることがわかりました。**コンプ**のかけ方を「あーでもないこーでもない」とイジリまくることで、自分のものにしていきました。

それは僕が編曲をした**『涼宮ハルヒの憂鬱』**のキャラソンで長門有希（ＣＶ：茅原実里）が歌った「雪、無音、窓辺にて。」のアレンジに少し生きていますが、**奈々ちゃんが歌う『戦姫絶唱シンフォギア』シリーズの主題歌にも、その頃の経験がダイレクトに反映されています**。

ダブステップなんかも取り入れたのは、ああいうリズムのカッコよさを聞き分ける耳を若い頃にちゃんと作れていたからですね。

僕から生まれた音楽たちは、人生のどこかで必ず通過してきたものであるということがおわかりいただけるかと思います。

とはいえ「Ｓｙｎｃｈｒｏｇａｚｅｒ」を聴いていただければわかると思いますが、**僕が作るからにはただのクラブサウンドやダンスミュージックにはしません**。トランスは大体**ＢＰＭ**が１３０前後なのですが、「Ｓｙｎｃ

コンプ
コンプレッサー。音を圧縮するエフェクト

涼宮ハルヒの憂鬱
谷川流のライトノベル『涼宮ハルヒシリーズ』を原作とするＴＶアニメ。２００６年に独立ＵＨＦ局ほかにてＴＶアニメ第１期、２００９年より同局にて第２期が放送された。

ダブステップ
１９９９年にロンドンで誕生した、エレクトロニック・ダンス・ミュージックの１種。

hrogazer」はそこからさらに20くらい上げています。

自分が原作を手掛けた作品の主題歌ということもあり、結果的に僕と奈々ちゃんが培ってきた戦いの歴史をすべて注ぎ込むような曲になりました。

正直「やり過ぎた！」とも思いましたけどね。僕が原作ということもあって、誰も止めてくれる人がいなかった（笑）。

そして「深愛」とともに紅白歌合戦へ

さて、時間はさかのぼり紅白の曲を提供させていただいたときのことを。

その頃から奈々ちゃんは、次第に自分自身のことをセルフディレクションするようになっていきました。ヴォーカル・ブースで歌ったあと、コントロールルームに戻ってきては自分の歌を聴いて、「私はこういうふうに歌うべきだと思うんですが、どう思いますか？」と僕や三嶋さんに意見を求めるようになった。

やりとりを重ねて行くうちに、その意見が的確だったり、我々の想像を超

BPM
Beats Per Minute。楽曲の速さの単位。1分間あたりの拍数を示す。

えてくるようになるから、だんだんと僕たちも「うん」とか「そうだね」しか言わなくなっていきました。そして彼女は「わかりました。もう少し歌ってきます」と言ってブースに戻っていく。

ヴォーカルテイクの選び方も、彼女が選びたいのはどれだろう？という目線で選ぶようになっていきました。

水樹奈々はいったい、どんな観点で自分をディレクションしているのか。それは恐らく**〈ライブでいかに歌うか〉を見据えたディレクション**なんですね。

ライブを見据えるということは未来のヴィジョンを思い描く、つまりは想像するということです。

それを繰り返していれば決して後退することなく、前に進み続けることができる。水樹奈々の進化する姿を間近で見ることで、僕もＥｌｅｍｅｎｔｓ Ｇａｒｄｅｎも負けじと進化することができた。

そんな水樹奈々という存在をひと言で表現するなら、僕にとっては〝戦友〟である、という言葉がふさわしいと思っています。これから彼女がどうなっていくのか、どのような進化の方向性をたどるのか、僕にはもはや見当もつきません。

そんな奈々ちゃんにとっても、ファンの皆さんにとっても、「深愛」（TVアニメ『WHITE ALBUM』オープニングテーマ）がとても大切な曲であるのなら、それはとてもうれしいことですね。また、この曲も例に漏れずコンペでした。

ちなみに僕のこだわりなんですが、**コンペにデモを提出する際は自分の名前は必ず隠して出しています**。これはElements Gardenのクリエイター、全員にそうさせています。

名前から受ける先入観を避けて、純粋に音楽で評価してもらいたい。数百のデモの中から見つけてもらえるようなデモでなければ、そもそもダメだと思っているんです。

さて、僕はこの曲を作るにあたって『WHITE ALBUM』という作品について考えたのですが、テイスト的には90年代〜00年代初頭の月9ドラマのような雰囲気だと感じました。

WHITE ALBUM
2009年より独立UHF局系列にて放送されたTVアニメ。Leafから発売された同タイトルの恋愛シミュレーションゲームを原作とする。

だから聴き心地としては〝なつかしさ〟が必要だと思いました。藤間が「Ｃｒｙｓｔａｌ Ｌｅｔｔｅｒ」（２００６年・ＰＳ２専用ソフト『ワイルドアームズ ザ フィフスヴァンガード』エンディング・テーマ）の編曲をしているのですが、僕の中ではこのイメージにシングル表題曲くらいのキャッチーさをプラスしていけば、イメージに近づくのではないかと思ったんです。

コンペの課題には〝バラード〟とあったのですが、ゆったりと歌い上げるような大バラードは作品として違うだろうと思いました。だから**テンポは速いけどできるだけバラードに聴こえるように作ろう**と思い仕上げていったんです。

まずＡメロで、昔の歌謡曲で使われたような音階のメロディでフックを作り、Ｂメロで壮大さ・感動を生み出すために転調させる。水樹奈々にとって繰り返し歌い、繰り返し聴かれる曲になってほしいから、構成で飽きさせてはいけないと思ったんです。

そしてサビでＡメロと同じキーに戻してあげることで、また転調したかのような効果が生まれる。でも戻しているだけだから曲としてつながりやすい

……これも僕がCHAGE and ASKAから学んだ技術の応用ですね。

あとはどの部分のメロディを切り取ってもシングルのA面曲として恥ずかしくない最高の曲にしようと。

そういう思いを込めてデモを提出したのですが、三嶋さんから**「サビのメロディ、もうひとつ上があると思うな」**とリテイクをいただきました（笑）。

僕はいつも奈々ちゃんのデモを提出するときに、人間として気持ちよく歌えるのはこのラインだろうという部分を意識して提出しています。

でも必ず三嶋さんには見抜かれて「あげまっちゃん、まだ上があるでしょう？」って。「もっといける！」とさらに上を目指していくのがチーム水樹奈々なんです。

「深愛」のサビのメロディはリテイクを受けて今の形になり、普通では考えられないくらい上へ上へと昇っていくようなメロディになっています。この曲を完璧に歌いこなすのは決して簡単ではありません。

よく奈々ちゃんがインタビューなどで**「また上松さんから挑戦状をもらった」とか、難しいことを僕にさせられている、みたいなことを言っています**

けど、実際は奈々ちゃんと三嶋さんのふたりがそうさせているのだとひそかに僕は思っているんですけどね（笑）。

僕が作る奈々ちゃんの曲はカラオケなどで歌いにくいと言われることがあるみたいですが、それは当然です。だって、あの水樹奈々でさえ最初はうまく歌えるか不安に思うような曲を作っているのですから。

スタジオでよく奈々ちゃんから「もう！　また上松さんたら……！」と言われるんですけど、どんなに難解な曲も何度か歌い方を試すうちに自分のものにしていってしまう。本当にすごいシンガーです。

そして「深愛」と言えば、我が妹・上松美香のアルパです。この曲の前に「Ｈｅａｒｔ-ｓｈａｐｅｄ ｃｈａｎｔ」（２００７年・ＰＳ２専用ソフト『**シャイニング・ウィンド**』主題歌）でもハープを弾いてもらっているのですが、「深愛」のメロディと合わさったら絶対にきれいになる、必ずうまくいくと思ったんです。

あと奈々ちゃんの書いた歌詞の力が本当にすごかった。**「深愛」というタイトルは、彼女の生み出した発明だと思います。**三嶋さんからこの曲で「お

シャイニング・ウィンド
２００７年にセガ（現セガゲームス）より発売されたＰＳ２向けＲＰＧゲーム。同作品の物語を軸にしたＴＶアニメ『シャイニング・ティアーズ・クロス・ウィンド』が２００７年より放送された。

奈々が紅白歌合戦に初めて出ることが決まったよ」と電話をもらったときは、携帯電話を持つ僕の手が震えているのがわかりました。

2009年の大晦日、僕はNHKホールに紅いネクタイを締めて応援に行きました。明らかに浮いていましたけど（苦笑）。舞台装置でステージに運ばれていく妹を見つめ、奈々ちゃんと並んでいる姿を舞台袖で見つめていました。

実は、喜びや感動といった感情がわくよりも先に、**心の中で「これからだ。これからが大事なんだ」と繰り返していたんです**。

「深愛」が世間一般にも評価されることによって、これからの僕の仕事にも、より大きな責任が生じると思ったし、僕自身の日常的な振る舞いも、水樹奈々や、会社の人間や、恩がある関係者の皆さんに影響するかもしれない……そんなことが頭の中をグルグルとしていました。

そして同時に、**アニソンが文化になり、水樹奈々が日本を代表する文化の担い手になったと感じました**。身が引き締まるとはあのことを言うのだと思いますが、そう自覚したあの日から、僕は変わろうと決心したんです。

このアニソンという文化において、恥じない人間になろうと。まさに文化を象徴する音を、時代が変わる音を、僕はあの日のＮＨＫホールで聴いていました。

でも、ときどき僕は考えるんです。「水樹奈々は孤独ではないだろうか……」と。並び立つ存在のないところまで、その頂きまで到達してしまった彼女の気持ちは、本人以外は誰もわからないのかもしれない。

歴史や伝説を作る存在というのは、そういうものなのかもしれませんね。

スタジオの棚には水樹奈々さんのCDなどがきれいにディスプレイされている

NORIYASU AGEMATSU × NANA MIZUKI

上松範康×水樹奈々

出会ったときの第一印象や、本編で語られた楽曲について、今だから話せる思い出について語ります。

Profile

みずきなな●1月21日生まれ。1997年に声優デビュー。2000年にアーティストデビュー。主な出演作は『魔法少女リリカルなのはシリーズ』(フェイト・テスタロッサ)、『戦姫絶唱シンフォギア』(風鳴翼)、『BORUTO-ボルト-NARUTO NEXT GENERATIONS』うずまきヒナタほか。

上松　緊張するなぁ(笑)。

水樹　改まって話すのは照れくさいですね(笑)。一対一で話すことはほとんどないですから。

上松　でももうお仕事での付き合いは約14年になるんだよね。

水樹　「Tears, Night」から数えたらそうなりますね。私がラジオを聴いていたら、偶然栗林みな実さん(現Minami)の「翼はPleasure Line」が流れてきて。「なんて曲展開とサウンドが秀逸で、メロディもキャッチーでステキな曲なんだろう!」と思ったことが、お仕事をお願いするきっかけでした。プロデューサーの三嶋さんに「この曲を作った人にコンタクトを取りたい」と話したら「上松くんだね! 俺知ってるよ」って。そこで2004年の夏、私のZepp Tokyo

のライブに上松さんに来ていただいて初対面したんですけど、その当時は金髪ですごくチャラくて（一同笑）。

上松 最悪の第一印象じゃないか！

水樹 正直、曲のイメージと違って怖かったんです！「この人とコミュニケーションとれるかなぁ……？」って少し不安になるくらい。それまでご一緒していた作家さんたちと違ってエッジが効いていたから（笑）。あとすごく若くて驚きました。

上松 僕もまだ26歳だったからね。田舎者だったから〝金髪＝音楽家としてイケてる〟と思い込んでいたんでしょう。

水樹 最初にふたつのデモ制作をお願いしたんです。ひとつは「翼はＰｌｅａｓｕｒｅ Ｌｉｎｅ」のようなアップテンポでドラマチックな曲。もうひとつは、私はイギリスのロックバンドのオアシス（ギャラガー兄弟を中心に結成されたイギリスを象徴するロックバンド。2009年解散）が大好きだったので、彼らの「Ｄｏｎ，ｔ Ｌｏｏｋ Ｂａｃｋ ｉｎ Ａｎｇｅｒ」のようにライブでみんなで歌える曲。提供していただいた作品は2曲ともステキだったのですが三嶋さんと話し合った結果「Ｔｅａｒｓ，Ｎｉｇｈｔ」に決まって。次にお会いしたのがスタジオだったんですけど、黒髪になっていて「あ、落ち着いている」と思ったのを覚えています（笑）。でも改めて、あのとき偶然ラジオを聴いていなければ、今まで上松さんと生み出してきた「ＥＴＥＲＮＡＬ ＢＬＡＺＥ」や「ＤＩＳＣＯＴＨＥＱＵＥ」たちが果たしてどうなっていたのか……そう思うと感慨深いものがありますね。

上松　「ETERNAL BLAZE」はかなり難航した記憶があるんですよ。

水樹　よく覚えてます。今だから話せることですけど、『魔法少女リリカルなのはA's』は2005年10月放送なのに、8月末にレコーディングして。

上松　絶対にあってはいけないスケジュールだよね（苦笑）。

水樹　かなりリテイクをお願いしましたし、レコーディングも時間をかけてすごく丁寧に録りました。ライブで初披露するときにcherry boys（水樹奈々のバックバンド）がリハーサルで「この曲難しすぎる」と言っていて（笑）。今ではエレガ曲のしごきによって、チームみんなが進化したので、エタブレはかわいい曲です（笑）。

上松　しごきって（笑）。でも16ビートであんなに速いテンポの曲、アニソン業界にはまだなかったから、アクセルを踏み込むのには結構勇気が必要だったんです。でもあそこまで振り切らないとOKが出なかったということで、奈々ちゃんの覚悟もすごく感じましたね。

水樹　「Synchrogazer」だってレコーディングのときは「絶対にライブで歌えないよ〜！」と思っていたんですけど……。

上松　空飛びながら歌ってたもんね（『NANA MIZUKI LIVE UNION』2012年）。

水樹　人って限界を乗り越えると必ず進化するんです。上松さんには、いつも進化の可能性を曲で引き出してもらっています。

上松　こちらこそですよ。僕は東京ドームの端から端まで走りながら歌う水樹奈々を見て、反省したんですから。

水樹　なぜ反省するんですか（笑）。

上松　すごい人だと思っていたけど「僕はまだ水樹奈々をなめてた」って。日本一の大会場であれだけ距離の近さを感じさせるパフォーマンスをやれるアーティストに対して、まだアクセルを踏み切れていなかったんじゃないかって。

水樹　まさにお互いを高め合ってきましたね。だって『シンフォギア』では声優としてもしごかれましたから（一同笑）。レコーディングともライブとも違う、アフレコの延長で歌い戦うという斬新すぎるチャレンジを、まるで部活のようなチームワークで、声優陣みんなで乗り越えてきました。そういう意味で言うと、上松さんって『エースをねらえ！』の宗方コーチみたいな感じもあって。

上松　そういうふうに見えてたんだ（笑）。

水樹　でもアーティストでもあるし、原作者でもあるし、経営者でもあるし……右脳と左脳の日があって、日によって本当にバラバラですよね？

上松　それ指摘されたの初めてかも。褒め言葉として受け取っておきます！　あと忘れてならないのは奈々ちゃんは僕を紅白歌合戦にまで連れて行ってくれた恩人ですよね！

水樹　紅白歌合戦初出場（２００９年）が「深愛」で本当に幸せです。上松さんが作ったデモとは知らずに、たくさんあるデモの中であのピアノのイントロを聴いた瞬間「この曲しかない」と思いました。『ＷＨＩＴＥ　ＡＬＢＵＭ』

のオープニングテーマだったので恋愛をテーマに歌詞を書こうと決めていたのですが、レコーディングの1週間前に父が亡くなって。愛媛に帰ってお葬式を終えてからも、いろいろな感情がわき上がっていて、どんな気持ちでこの曲と向き合えばいいか悩みました。一度気持ちをリセットしようと思って、あえて行ったことのない和歌山の海を見に行って。そして作品のシナリオを読み直して歌詞を書きあげたのが、レコーディングの前日で。

上松　あのときは大変だったね。歌入れも苦心したと思います。この曲ってバラードに聴こえるけど、メロディのあり方としては決してバラードではないから、技術的にもすごく難しい。

水樹　レコーディングに参加してくれたオーボエ奏者の方が「人が歌うメロディじゃない」と言い切っていました（苦笑）。

上松　実はかなりアップテンポですし、ジェットコースターのようなメロディラインで、それなのにバラードのように聴いている人を感動で涙させるような情感を込めなくてはならない。やはり今も、この曲を本当の意味で完璧に歌いこなせるのは水樹奈々だけだと思います。

水樹　「深愛」は歌の力加減、感情表現、リズム感などなど、あらゆる意味でギリギリのバランスを維持しながら最後まで歌い切らなければならないので、声の出し方や腹筋の使い方も含めてあらゆる神経をもっとも使う曲なんです。水樹曲の難易度ランキング的にはかなり上位です（笑）。

上松　紅白歌合戦のステージを袖から見ながら、アニメ業界が新しい時代に突入する鐘の音を聴いたように感じたし、同時に「この人に置いて行かれたくない」とも思ったんです。ちなみに、奈々ちゃんってこれからのことってどう考えてる?

水樹 正直に言って目の前のことでいつも精いっぱいです! 食らいついていくことに必死です(笑)。というのも私のチームって、瞬間のひらめきで180度違う方向に舵を切るようなこともあるから、いつどんなことを要求されてもそのとき最高のパフォーマンスや爆発力を発揮する準備をしておかなくてはいけないと思っていて。「5年後はこうかもね」と話していたとおりになったことがないし、逆に決めない方が突き抜けられるのかもしれません。年齢や経験を重ねることで予測できる未来も増えたのですが、逆に新しいチャレンジへのストッパーにならないようにしなければならないとも思っています。「ETERNAL BLAZE」を「難しい!」と歌っていた当時の私には、9年後に「VIRGIN CODE」のような変態的な曲が歌えるようになっているなんて想像もできないと思うから(笑)。

上松 本当にそうだね。僕も過去を振り返ると、未来が鮮明に見えていたことなんて少しもなかった。奈々ちゃんはつねに好奇心にあふれていて、柔軟で、全力を出す準備をし続けてきた。決して簡単なことではないけれど、だからこそ今の地位があるんだってことを改めて感じました。今日は忙しいなか、ありがとうございました!

水樹 こちらこそです! これからも引き続き、厳しくご指導よろしくお願いします!!

Chapter 3

『うたの☆プリンスさまっ♪』はこうして生まれた

原作を手掛けることになったきっかけ

そもそも僕が原作を手掛けようと思ったきっかけは、当時**アニプレックス**のプロデューサーだった方と出会ったことから始まりました。

彼がある日、「上松さんって、原作とかやらないんですか？」と突然聞いてきたんです。「え……？　何でそんなこと聞くんですか？」と聞いたら、**「だって作品の要点をとらえて主題歌の歌詞を書かれるでしょ？　その物語の根本を書きたいと思ったことはないんですか？」**って言うんです。

そのとき、まるで雷に打たれたかのような衝撃が走りました。そして会社のスタッフに「ごめん。しばらく会社休む」と言って、**会社に行かず約１週間で『うた☆プリ』と『シンフォギア』、そしてその他の作品の企画・原案を一気に５本ほど考えたんです。**

プロデューサーに言われるまで自分で物語を書こうなんて思いもつかなかった。ですがそのきっかけを与えられた途端に、創作のイメージがあふれ

アニプレックス
ソニー・ピクチャーズエンタテインメント（SPEJ）の制作事業本部として1995年に発足したエンタテインメントを幅広く扱う会社。アニメーションの制作やそれらの販売、配給、ライセンス事業を中心に音楽制作などを行っている。

て止まらなくなったんです。

物語を作り、その物語からキャラクターが生まれ、彼ら彼女らのためにキャラソンを作る。そこまでひとつの会社でやれたら最高じゃないか……ひとつきっかけを与えられただけで、いろいろなことが頭の中で組み上がっていく感覚がありました。

そして「それを実現させるために、やるべきことはなんだろう?」と考えました。誰と話せばいい? 誰を巻き込めばいい? 僕は何を生み出せばいい? いろいろなことを考えましたが、まずは『うた☆プリ』と『シンフォギア』の原案を大至急まとめて、1週間後の会社の会議で発表しました。

大反対にあった『うた☆プリ』構想

うちのスタッフたちは本当にびっくりしていました。「うちの社長は会議で突然、何を言い出したんだ?」「ついに仕事のしすぎで頭がおかしくなったのか」と、みんなの顔にそう書いてありました。

とくにマネジメントをしてくれていた吹田（亜沙美）なんて「うちは音楽制作会社ですよ？　ようやく軌道に乗りかけている忙しいときに、意味がわからないんですが……」と本気で困惑していましたから。あのときの会議の空気は最悪でしたね。

でも、それが当たり前のリアクションだと思います。だってみんなそれぞれが真剣であり、音楽制作現場を命を懸けて守ろうとしてくれているのがわかるから。

ただ僕は引かなかった。なぜなら、僕の考えているこの原作たちこそ、この会社にいるみんなを幸せにする原石だと思ったからです。

ということでまずは、社内営業から始めました。僕が考えていることが、いったいどういうものであるのかを知ってもらおうと。

僕たちの会社は週に1回会議があるのですが、そこで懲りずに原作として考えている作品の構想を話しました。

「この作品には音也というキャラクターがいて、彼はこういう歌を歌うんだ。僕たちはそんな彼らを音楽プロデュースしようと思うんだけど……」と。

たしか4週か5週に分けて、企画内容、キャラクターの概要、そして先々の構想を説明して、「……この『うたの☆プリンスさまっ♪』という作品を、**ブロッコリー**さんに持っていきたい。みんなには絶対に迷惑はかけないから……！」と伝えました。

そしてようやく「面白いかも……」「やってみましょうか……」というノリになっていったんです。

ただ僕の中では自信があったんです。**男女を問わずこれだけアイドルが愛されている時代に、『アイドルマスター』はあっても、女性のために制作されたアイドル作品はまだ浸透していなかった。**

アイドルに対するきらびやかなエネルギーを、二次元でも生み出したい。今この世の中にないからこそ、絶対にやるべきだとも思いました。するとブロッコリーさんが「面白いです」とおっしゃってくださったんです。

僕がｆｅｅｌ時代にたくさんお世話になったブロッコリーさんは女性ユーザーを多く抱え、１００店舗以上を展開するアニメイトさんとも関係が深いので、組めば絶対に面白いことができるはずだと思いました。

ブロッコリー
ゲーム・CDなどのコンテンツ企画、制作を行なう会社。『うたの☆プリンスさまっ♪』など大ヒット作品を数多く生み出している。

アイドルマスター
バンダイナムコエンターテインメントより発売されているゲーム。プレイヤーがプロデューサーとなり、アイドルたちをプロデュースしていくストーリー。

声優さんについては、僕にはあまり男性声優さんに関する知識がなかったので、ブロッコリーさんと一緒に、いちばんキャラクターに近い方を決めていきました。

僕は奈々ちゃんをずっと見続けてきたこともあって、〈アニメとライブといえばキングレコード〉という印象を強くもっていました。なので三嶋さんにプレゼンするタイミングをずっと探っていたのですが、奈々ちゃんのマスタリングのタイミングで、やっと三嶋さんとお話しする機会を得たんです。「三嶋さん。実は『うた☆プリ』という企画をブロッコリーさんと進めているのですが……」とプレゼンをしました。

「何を言われるんだろう？　またうちのスタッフや、声優事務所さんたちのように反対されるのかな……」そんなことを思っていた矢先に、**「わかった！　あげまっちゃんはいつか東京ドームで、この子たちのライブがやりたいんだよね？」**と言われたんです。

そのひと言とともにＯＫをもらいました。自分で企画を持ち込んだわけですけど、ビックリしたというか、あっけにとられたというか（苦笑）。

だってその企画書には〝東京ドーム〟なんて文字はひとつも出てこないんですから。

たった数ページの企画書から、東京ドームまでの設計図が一瞬にして描けてしまう、三嶋さんのスケールの大きさには圧倒されました。

経営者をやってきてよかったなと思ったのは、〈相手に伝える力〉と〈相手を説得する力〉に関して自信をもてたことです。

どんなに素晴らしいアイデアをもっていても、どんなに企画に愛があっても、そのふたつがなければ形にならない。

そして相手の心を動かさなければ、何も始まらないんです。まず徹底的に相手とコミュニケーションを図って理解をしてもらったら、みんなで愛をもって作品に取り組めるしっかりとした座組を作り上げる。そしてその座組がしっかりとしていれば、いい曲が書ける環境が整います。

僕が原案や原作を手掛けるとき、大切にしているのはその三点ですね。

音楽制作の事務所は、メーカーさんなどから降りてくる仕事を受注して音楽を作るのが通常で、僕のような考え方をしている事務所はかなり珍しいと思います。
仕事における正解へと至る方程式の作り方が他者とは違っていて、僕はまず解に〝良い音楽を作る〟を置いてしまいます。そこから、解に至るための方程式を考えるのが好きなんです。

原作などを手掛ける以前は、「Ｅｌｅｍｅｎｔｓ Ｇａｒｄｅｎの作家たちに、いい曲を書くための環境をもっと提供してあげたい」と思っていました。

その当時、僕たちはまだまだ知名度も高くはなかったから、〈有名サウンドクリエイターに断られた案件〉が締め切り直前にうちに流れ着いてくることが多かった。

そのため制作期間が短くて、なかなかエレガのクリエイターたちも本領を発揮できない。このままずっと器用貧乏の集団になっていくことは避けたいと思っていました。

なので、**僕が原作を手掛けて、信頼できるメーカーさんと組んで、声優さんたちに多大な協力を仰ぎながら屈強な座組を作り上げれば、ＥｌｅｍｅｎｔｓＧａｒｄｅｎもいい音楽を作り続ける環境が得られる、**そう考えたんです。

２０１０年、最初にＰＳＰⓇ専用ソフトとして『うたの☆プリンスさまっ♪』を発表したとき、我々の作品に対する愛はユーザーに届いている感触は得ていたのですが、同時に、生まれた『うた☆プリ』のユーザーたちに対して何をするべきか、課題がたくさん見えてきました。

今だから言えるのですが、ゲームとしては2万本売れればヒットなのですが、実際はそこまで届きませんでした。でも、キングレコードの三嶋さんには「2万本売れました」と言ってアニメ化の話を持って行ったんです(笑)。

きっと三嶋さんは僕のウソを見抜いていたと思います。それでも「あげまっちゃん、本当に頑張ってるね。一緒にやろう」と言ってくれました。

アニメ化後に発売された『うたの☆プリンスさまっ♪Ｒｅｐｅａｔ』(２０１１年)は15万本を超える大ヒットになり、改めてアニメの力を感じました。

ニコニコ動画などネットでバズが起こりましたが、あれは想定外のことでしたね。熱心なユーザーたちの中には悲しんでいた方もいたかもしれませんが、僕はあそこで結果的にたくさんの人の目に触れたおかげで、それまで

『うた☆プリ』に興味のなかった人たちにも届き、ゲームを買って楽しんでくれる層が広がったと思っています。

『うた☆プリ』企画の草案

最初に企画書を書いたのは2007年11月頃です。その企画書にはST☆RISHのメンバーの名前と、その名前の由来やキャラクターの性格、彼らの細かい背景や設定を書いていきました。

たとえば〝一十木 音也〟だったら、「その苗字は直線の重なり合いでできていて……」というふうに書いてあります。1年を通じて音楽を学び、恋愛していくというゲームの素案もすでに考えて、企画書に書いていました。

そして物語のプロットですね。主人公の七海春歌が電車の中で痴漢にあうシーンなどは、最初のプロットから盛り込まれていました。「痴漢被害にあったのにこんな女の子はいるわけないじゃないか！」とたたかれもしましたが、彼女が天然で純粋な子で、どんな状況でも人を信じてしまう。だから

ST☆RISH
『うたの☆プリンスさまっ♪』に登場するアイドルユニットのひとつ。所属メンバーは一十木音也、聖川真斗、四ノ宮那月、一ノ瀬トキヤ、神宮寺レン、来栖翔、愛島セシルの7名。

こそ男性キャラクターたちから魅力的に映る……という部分を伝えるために必要なシーンだったと思っているんです。そういう僕のプロットもブロッコリーさんは積極的に採用してくださいました。

それに対してユーザーの声を聞きながら、『Ｒｅｐｅａｔ』などを経ていくことによって、どんどんと内容がよくなっていきました。

春歌が貧血になって倒れるのを四ノ宮那月が介抱するシーンなんかも、最初に僕が書いたプロットに盛り込んであったものです。そういったプロットに対して、ちゃんと脚本家さんに入っていただき形にしていただきました。

僕はあまり小説などを読む習慣がないので、**物語のプロットを制作する際は無意識に過去に観た映画やドラマを参考にしていたと思います**。恋愛物語の落ちのつけ方などは、ドラマから学んだ部分が多い気がします。

その他、ルーツのひとつと言えるのは少女漫画ですね。『ママレード・ボーイ』（１９９２～１９９５年）、『星の瞳のシルエット』（１９８５～１９８９年）とか、『りぼん』の少女漫画をたくさん読んでいました。『うた☆プリ』の原案を考えていたときは『君に届け』（２００６～２０１７年）が大好きで、僕の中では春歌を爽子のような女の子像にしたいと思ったんです。

でも各キャラクターに萌えるシチュエーション……たとえば「目を閉じずにキスをする」シーンからときめきが生まれるのではないか……と思っていました。

声優を〝かすらせる〟キャラ設定

これはＴｗｉｔｔｅｒなどでも発言していることなのですが、声優さんをオマージュする形でキャラ設定を構築しているものもあります。

とくにトキヤは初めから宮野くんのイメージでキャラクターを作っていたので、彼が隠しもっているストイックさをトキヤにも与えて仕上げました。

具体的に挙げすぎるのもあまりいいことだとは思わないので細かい言及は避けますが、**演じてくださる声優の皆さんについてはかなり深く考察させていただき、キャラクター作りの元にさせていただきました。**

各声優さんたちがもっている表現者としての信念や、垣間見えてくる精神性なんかもキャラクター作りのうえで参考にしているのですが、**完全に一緒にするのではなく、〝かすらせる〟くらいのあて方をしているイメージです。**完全にかぶらせてしまうと、キャラクターとしての成長の先が見えてしまう。

あくまでもキャラクターとしての成長を楽しんでいただきながら、ユーザーの皆さんにはまだ見ぬ未来を彼らと一緒に歩んでほしい。これは僕が原作を担当しているすべての作品に言えることです。

そんな中なぜ担当声優さんに〝かすらせる〟のかと言うと、まず声優の皆さんに少しでも自分の演じるキャラクターを好きになってほしいからです。そして深く入り込んでほしい。キャラクター設定に対して「わかるよ！」と共感してほしいんです。

声優さんのすごいところって、キャラクターを本当に大事にするところだと思うんです。その思いがキャラクターに込められるからこそ、キャラが生き生きとしてくる。**僕がもっとも大切にしているコンセプトのひとつに、「アイドルたちは本当にいる」があります。**

そう思ってもらうために、声優の皆さんにはできるだけ純度を高めた生命を吹き込んでもらう。そうして生まれたキャラクターたちには尊さが宿る。ユーザーの皆さんと相思相愛な関係を築いていきたい。僕はアイドルの〝アイ〟は〝愛〟だと思っていますから。

Ｅｌｅｍｅｎｔｓ Ｇａｒｄｅｎの楽曲の制作依頼は、それまでほぼ女性アーティストだったのですが、『うた☆プリ』を手掛けたことで男性アーティストに向けた楽曲制作依頼が増えました。

これはマーケティングというようなものでもなくて、シンプルにやりたいことをやった結果です。エレガとしてずっと「男性声優の皆さんとお仕事がしたい」と思っていたことが、『うた☆プリ』によって実現しました。

ＴＶシリーズ第１話放送後の反響

ＴＶシリーズの第1話がテレビ、そしてニコニコ生放送で放送されて、後追いのユーザーたちの心もつかんだことを、ニコ動の再生回数をリアルタイムで見ながら感じていました。数字がどんどんと上がっていくのを見て、すぐにキングレコード三嶋さんに電話していましたね。「三嶋さん、第2期やりましょう！ もう動きましょう！ 絶対に早いほうがいい！」と。

ムーヴメントが起きそうなのにただの瞬間最大風速で終わってしまう原因って、ほどんどの場合は次が続かないことが原因だと思っています。その勘が働いて、即行で動こうと決意しました。**『うた☆プリ』を流行ではなく、文化にしなければならない。**この業界に男性アイドル文化が根付く、その胎動をたしかに感じたんです。

TVアニメへのリアクションに対して「すごい！」とか「よかった！」とか、もちろんそういう感想もありましたが、とにかく「すぐに次を準備しなくちゃ！」という思いで、焦っていましたね。それでも第13話で「To be continued」を入れてもらったのは、かなりギリギリのことだったと思います。

つまり『うた☆プリ』のアニメは1クールで終わるはずの企画だったんです。もちろん続けたい気持ちはありましたが、当たるかハズれるかわからないのがアニメ業界のシビアなところで、まずはお試しで1クールという判断はよくあることなんです。

僕はそもそも音楽家であり、アニメ業界の本質を知らなかったので、第1話放送後すぐに「第2期やりましょう！」みたいな無謀なことが言えたんです。普通ではありえないことだと思いますが、こんな要望を受け入れてくれたことが『うた☆プリ』の奇跡につながった。

僕のような、異常に熱意をもった人間って普通は嫌がられると思います。コントロールしにくいから。でもブロッコリーさんも三嶋さんも、面白がってくれた。皆さんやこの業界の懐の深さを感じますね。

『うた☆プリ』が当初アニメで加速したのは、男性ユーザーたちからの支持もあったからだと思っています。それは恋愛ものでありながら、豪快なギャグも盛り込んでいたからなのですが、僕はアニメだと『ミスター味っ子』が大好きで。あの作品の味皇が言う「う〜ま〜い〜ぞーーーーーーっ！！！！」のような、あれくらいぶっ飛んでいて豪快な演出をアイドルたちのデフォルメ感にも生かしたいと思いました。そのほうが、大勢の方に観てもらえるライトな作品になるんじゃないかと。

ミスター味っ子
講談社発行の『週刊少年マガジン』にて連載されていた寺沢大介によるグルメ漫画作品。1987年よりテレビ東京系にてTVアニメが放送された。

第1話はみんな初めて観るもので、何も知らないわけですから、とにかくビックリさせてやろうと思っていました。そこで**バカバカしいくらいにぶっ飛んだ演出を盛り込んでもらいつつも、女の子の視聴者たちがキュンとするポイントだけは絶対に外さないでほしいとお願いしました。**

とくにキメカットにはこだわって、最強の画にしてほしいと伝えました。**プリンスたちの絶対的なカッコよさと、バカバカしいくらい一直線な姿勢。**それを司ってくれたのが、早乙女学園長ですね。彼の存在が、非現実の世界をより魅力的に見せてくれる。早乙女学園長がいるからプリンスたちが強引な状況に巻き込まれながらも、彼らの魅力を存分に引き出す条件になっていくのです。

「マジLOVE1000%」は経験とひらめきの産物

そして『うた☆プリ』はキメとなるセリフや歌詞も、大勢の皆さんに受け入れていただきました。いわゆるJ-POP系のアイドルではあまりなじみがないような歌詞だったと思いますが、これは僕がアニソン業界から学んできたことで、**たとえば畑亜貴さんの「もってけ！セーラーふく」の歌詞のようなインパクトの重要性を感じていたから**だと思うんです。

「マジLOVE1000%」の「DOKI×2で壊れそう1000%LOVE」とか「Are you ready?」とか「さあLet's Song!!」とか、インパクトの大きさや、ライブでのコールのしやすさなどを考えながら曲が作れたのは、やっぱり「DISCOTEQUE」で語ったとおり僕が〝家来〟の時代にJ-POP系のアイドルソングのトラックを死ぬほど作っていた経験と、アニソンを長く作ってきた経験からです。

通常のアイドルソングにはない〝濃さ〟が生み出せたと思いますし、みんながワクワクしたり、SNSで話題にしたくなったり、カラオケで歌いたいと思ってもらえるような歌詞や曲のイメージは初めからあったので、パワーのあるワードやフレーズを盛り込むことができました。

そして我々のようにアニソンを作る音楽作家は、**〈TVサイズ＝89・5秒〉にどれだけの情報量を詰め込み、インパクトを残せるかが勝負**ですが、その凝縮感を僕はアニメの第1話に注ぎ込みました。

「ここでつかまなければ何もつかめない」という、僕の強い思いの表れですね。いうなれば、イントロで心をつかみ、サビでさらに心をとらえて、ワンコーラス聴いてもらったら今度はフルコーラスまで飽きさせずに聴かせる……という、僕たちが大切にしている楽曲制作の精神です。

ただ、英語が堪能な方には「〝Let's Song〟じゃなくて本当は〝Let's Sing〟が正しい」とツッコまれてしまうんですよね。なんだったら〝さあLet's～〟って「さあ さあ」で意味がかぶってしまっている（苦笑）。これ、もちろん作詞家として本来は間違っていることはわかっていて、あえて〝さあLet's Song!!〟なんです。本当はやってはいけないことなのかもしれませんが、完全に歌としての響きを最優先しました。

正しい文法を選択して〝さあLet's Sing!!〟にしていたら、あの勢いや一体感が果たして生まれただろうか？ と。些細なことのように見えてすごく重要なポイントです。ただ僕は日本で生まれた独自のポップソングということで、一般的なお客様の耳には〝シング〟より〝ソング〟の響きのほうになじみがある。だから〝さあLet,s Song!!〟を選択しました。そしたら意外と違和感はなかったみたいですね。僕の秘書は英語が堪能ですが、彼女すら気にならなかったと言っていたので（笑）。

この曲がアルバムの中の1曲だったら、僕も文法を優先していたかもしれない。でもアニメ化された『うた☆プリ』にとってもっとも重要な曲のひとつなので、〈間違えているがいい響き〉のほうに賭けたんです。ピンク・レディーの名曲たちや、PUFFYの「アジアの純真」（1996年）という大ヒットソングがありますが、この国においてはときに響きのよさが正解になる。〝正しい〟だけが〝正解〟じゃない。これはアニソンだけではなく日本のポップソングの面白い部分だと思います。

あとこの曲において大切なのは「このレボリューション（We are）イキましょう（ST☆RISH）」の（　）部分で、**自分たちのグループ名をファンに呼んでもらえるように促した**ところです。

これは僕の中でグループ名を浸透させたいという思いと、ファンの皆さんが応援している気持ちを代弁し、この部分に託せるようにしようと思ったからです。

これは水樹奈々ちゃんの「ETERNAL BLAZE」や「Justice to Believe」で、間奏でタイトルをオーディエンスが叫ぶポイントを作ったときの経験が生きているかもしれません。やっぱり、みんな好きなものは声に出して表明したい。とくにライブでみんなが発した声から生まれる感動やエネルギーってすごいんです。

そうだ、タイトルのお話もしておかなくては。**〝マジLOVE1000%〟という言葉がひらめいたときは、正直「イケる!」と思いましたね。**〝マジ〟という言葉って僕たち世代だとよく使っていたのは〈本気と書いて〝マジ〟と読む〉のような、ヤンキー的な言葉のカッコよさだったんです。

でもこの言葉ってどうやら江戸時代から使われていた言葉で、それが今も幅広い世代で使われるくらいに浸透している。すごく粋な言葉なのにちょっとヤンキー感もあって、**しかも現在も日常的に使う〝マジ〟に英語の〝LOVE〟をくっつけたときの語感のよさ。**それにまずひらめいて、すぐに検索しました。結果は該当なし。そこに数字を乗せてすごさを引き立たせたかったのですが、**「100%…120%…いやインパクトが弱い。1000%だ!」**と思って、このタイトルになりました。

1000%という常識にとらわれない%の概念は、『キン肉マン』の〝2000万パワーズ〟の影響かもしれませんね。でも、みんなに話した当初は反対も多かった! 「まじらぶ?……何ですかそれ? ダサくないですか?」って(笑)。

常識を絶対に凌駕する。それこそがアニメで描くべきアイドルの姿であり、我々がアニメとともに追い求めてきた非日常=ファンタジーへの憧れの形です。

エンディングテーマである「マジLOVE1000%」を第1話の冒頭で見せる演出のインパクトって、いまだに語ってくださる方が多いですね。あれをやったのは、**僕が好きだった映画とかでよくラストシーンを先に見せる演出があったから**なんです。「あれって何だったんだろう……?」と思わせておきながら、最終話までワクワクしつつ観続けるような手法を取ったのですが、これも結果的にすごく好評でした。

A-1 Picturesのアニメプロデューサーである加藤(淳)さんか

らは「この手法が斬新だったからこのアニメは成功したんです。あれがすべて！」とおっしゃっていただきましたが、僕の中では「映画ではよくある手法なんだけどなぁ……」なんて思って聞いていましたね（笑）。

「『うた☆プリ』は永遠」その言葉に二言はないです

結果的に男性アイドルコンテンツの先駆けとなり、このジャンルではもっとも長く愛されている作品になりましたが、だからこそ〈背中を見せる〉という意識を実は強くもっています。

Ｅｌｅｍｅｎｔｓ Ｇａｒｄｅｎを作ったときも同じような心境ではあったのですが、〈男性アイドルコンテンツとはこうあるべき〉という精神性は、これからも決してブレずにもち続けたい。

そして**僕と紺野さやかさんが考える『うた☆プリ』の美学は〈攻める〉です。**とにかく攻めて、決して守らない。**なぜならアイドルは挑戦する姿こそが美しい**からです。アイドルがさまざまなことに対して果敢に挑戦し、その姿に

A-1 Pictures
2006年より稼動したアニメーション制作会社。『アイドルマスター』など数々のヒット作を手掛けている。

感動して応援したいと思ってもらえる。

個人的な心境としては、『うた☆プリ』についてはまだまだやるべきことがあるし、ファンのために挑戦したいことがたくさんあるので、コンテンツとして大きくなった充実感とか、満足感というのはそこまで感じていないかもしれません。アイドルたちはもっと輝けるし、もっと輝くためのステージを僕たちは考え抜いて、作り続けなければならない。

第4期『マジLOVEレジェンドスター』（2016年）ではオープニングテーマ「テンペスト」に象徴されるように、物語に嵐が吹き荒れ、絶対的なアイドルだった音也が大変なことになってしまった。第1期では考えられないようなことだったと思います。でも、彼らをもっともっと輝かせるためには、過去を見せることも必要だった。

音也はいくつもの切ない過去を抱えている子なので、そんな彼を助けるためにST☆RISHやみんなが奔走する。僕はそれこそが彼らの美しい姿だと思ったし、攻めの姿勢だと思いました。ライブではそのシーンを思い出したお客様のすすり泣く声が聴こえました。そのとき僕は、やっぱり〈魅せるために攻める〉ことの重要性を確認しました。

『うた☆プリ』は僕が企画書を書いてから10年がたちますが、改めて、多くのユーザーの皆様が青春や人生の一部を捧げてくださる作品になったということを自覚しています。それはある意味で罪深いことでもあるのかもしれませんが、**僕は『うた☆プリ』を永久に続けることで、その責任を果たしていこうと思っています。**

僕が感じているこの〝ありがとう〟の気持ちを一つひとつ作品に込めて、真剣に真摯に『うた☆プリ』を続けたいんです。

原作者としての思い

『うた☆プリ』の原作者として、発表した当初と今では、考え方が大きく変わりました。昔は自分が生み出したものなのだから、もっと好き勝手に語ったり、好きに扱っていいじゃないか……そう思っていました。それが原作者の特権ではないのかと。

でも実際は違いました。**作品というのはファンも含めたみんなで作り上げたものです**。そしてそのみんなで応援して作り上げた作品に対して、原作者であっても冒涜するようなことは決してあってはならない。きっと作品やアイドルたちに対して真剣であればあるほど、聞きたくない話もあるはずなんです。どんな立場であろうとこの世界を壊してしまうことは、絶対に許されないんです。

だから僕は、原作者として作品の内情について語るのではなく、作品に対する愛を語る人になろうと思った。誰よりも『うた☆プリ』とアイドルたちを愛している存在であろうと。アイドルたちの誕生日を忘れずに、Ｔｗｉｔｔｅｒなどでお祝いすることもそのひとつです。親は絶対に子供たちの誕生日を忘れませんから。

宮野真守という存在

僕は宮野くんの１ｓｔシングルだった「Ｄｉｓｃｏｖｅｒｙ」（２００８

年）を聴いていて、知り合う前から一方的に彼の存在を知っていたんです。これは新時代「なんてカッコいい曲なんだろう、なんていい歌なんだろう。だ」って。

もう10年くらい前のお話ですけど、キングレコードのエレベーターホールで偶然にも彼の姿を見つけたことがあって。まだ面識もないのに、思わず曲が好きすぎて「宮野くんだよね？〝Ｄｉｓｃｏｖｅｒｙ〟大好きです！」と伝えたんです。それを宮野くんもすごくうれしかったと記憶してくれていました。『うた☆プリ』の企画には、彼の存在が重要でした。歌うだけではなくて、しっかり踊ることもできて、なおかつ声優である。彼のとがった光る才能に、かかわりたくて仕方がなかった。つまり僕は宮野真守にほれてしまったんです。

だから彼に最初に提供した「蒼ノ翼」（２０１０年・ＰＳＰ®専用ソフト『うたの☆プリンスさまっ♪』主題歌）は、僕の「Ｄｉｓｃｏｖｅｒｙ」に対するリスペクトによって生まれました。この曲調こそ『うた☆プリ』の世界観にふさわしい音楽だと。

あれから「オルフェ」(2011年)、「カノン」(2013年)、「シャイン」(2015年)、「テンペスト」(2016年)と『うた☆プリ』アニメ・シリーズの全OPテーマを担当してもらいましたが、「オルフェ」はアイドル・アニメでありながら、あえてアイドルソングにはしませんでした。

ここでも〝かすらせる〟の理論が出てくるのですが、**僕がアニメ主題歌を作り続けることで築いてきた〈8ビートのロックサウンド〉の鉄板のノリと、『うた☆プリ』の世界観を宮野真守の表現でかすらせることで、主題歌としての包容力と深みが増す。**完璧に寄り添いすぎないことは、アーティストが主題歌を歌う意味にもつながってきます。その方向性に沿って「カノン」までは順当に進化させました。それは作品としてのイメージをしっかりと〝浸透〟させるためです。この主題歌の方向性についてはまったく迷わなかったですね。

僕の中での宮野くんのイメージは一貫して〈進化を続けるストイックなアーティスト〉なんです。そう、僕の中ではトキヤよりもさらにアーティストなんですよ。もちろん本業は声優ではありますが、仕事に対するスタンスや役、音楽に取り組む姿勢が〝アーティスト〟と呼ぶにふさわしいなって。**「シャイン」くらいから僕はどんどん彼の世界やアーティスト性に引き寄せられていきました。**『うた☆プリ』の主題歌なのに作詞を彼に完全に託したのには、そういう意味もあるんです。

当然自分で書きたい気持ちもありながら、グッとこらえて、彼が『うた☆プリ』をテーマにどんな気持ちを乗せながら作詞するのか、純粋に聴いてみたくなった。

彼との制作のなかで、音楽に対して思考していたときに「あ、宮野真守のテリトリーに入った」と感じた瞬間があったんです。それからは、僕は彼から生まれる言葉を待つようになりました。彼が歌いたいメロディ、好きな旋律、好きな言葉、かもし出される空気、それを待つんです。そういうことができるのっていわばアーティストであって、ただ与えられたものを享受する存在ではないんです。立ち振る舞い含めて生粋のアーティスト、それが僕の彼に対する印象ですね。

だからいい意味で、彼とはしっかりと距離を保っておきたい。人間をより深く知って音楽に反映させることもよくありますが、もっと音楽家として緊張感をもって対峙していたいから。

「テンペスト」のときはまさにそんな感じで、宮野くんと一緒にスタジオに入って、彼と会話しながらメロディも作り上げていきました。彼は自分の描くライブのヴィジョンも込みで僕にメロディの方向性を語るから、より具体性が曲に宿ります。宮野くんの場合は、こういった〝対アーティスト〟として対峙したほうがいい音楽が生まれると思いましたね。

蒼井翔太との出会いと現在

翔太との出会いは、小池雅也さん(ギタリスト、サウンド・プロデューサー。現ULTRA-PRISM)の紹介でした。

その当時、翔太は髪が長くて胸くらいまであって……僕が企画した『GHOST CONCERT』(2018年)で明智光秀を演じていますが、**僕の中で翔太の第一印象は「君、明智光秀っぽいね」**だったんですよ。「上松の頭

GHOST CONCERT
上松範康の新プロジェクト。2017年12月に発売されたテーマソング「GHOST CONCERT」のCDでは、蒼井翔太がキャラクター・明智光秀のキャラクターボイスを担当している。

の中の明智光秀はどうなっているんだ」とツッコまれるかもしれませんけど（笑）、なぜかそういう印象を勝手にもっていたんです。そして「なんて美少年なんだろう……」と。〝かっこいい〟というより〝美しい〟という感想が先に出ましたね。

話を聞くと、もともと佐藤ひろ美の歌や僕が作った曲が大好きだと言うんです。その意外さにもビックリしました。

彼と小池さんが帰ったあと、僕はすぐに佐藤に「あれは絶対に逸材！」と告げました。その当時、シンガーだけで成功するのはなかなか難しい時代になってきていることも実感していたので、芝居に興味があるか、次に会ったときに聞いてみようと思ったんです。

そうしたら「声優、すごく興味があります！」ということだったので、僕と佐藤で立ち上げた声優のワークショップに参加してもらうことになりました。

当時すでに『うた☆プリ』は活発に動いていたのですが、キャラクターを増やそうと考えたとき、僕の中でロボットをどうしても登場させたかったんです。

人間でないものが人間に憧れる……『ピノキオ』などに代表されるその設定や物語を、どうしても『うた☆プリ』で生み出したかった。その物語を紡げば、絶対に美しい音楽が生まれると思ったんです。

そんなことを考えていたときに偶然出会ったのが翔太でした。僕は彼にどこか切なさやはかなさを感じていたのでそのキャラクター、つまり美風藍のイメージと重なると感じました。

ちなみに、彼に対しては初めから才能を感じていましたが、僕と佐藤の中で決めていたことがありました。それは**〝絶対に甘やかさないこと〟**です。だんだんと僕自身の名前も影響力を持ち始めている実感もあったので、僕がわかりやすく動けば簡単に〈ゴリ押し〉というレッテルを貼られてしまう。せっかくの才能を、そんなことでつぶしたくはありません。身近にいるからこそ、逆にかわいがってやれない。そこにさびしさを感じたこともありますね。

でも彼は努力家だったので、実力をつけてどんどん成長していきました。**そして何よりよかったのは、彼がアーティストとして多くの試練を乗り越えてきたことです。**一度折れた骨が太く強くなるように、大きな試練を乗り越えてきた人間は強くなる。いくら僕たちが高いハードルを設定しても、思うように結果が出なくても、彼は決してへこたれなかった。

そして何より、今がどれだけ幸せかがわかっているからこそ、周りの環境やスタッフ、そしてファンに、心から感謝できるんです。それは佐藤ひろ美もそうだったから。

昔と比べると長かった髪も切り、すごく華がある表現者になりましたね。もともと繊細さや線の細さが彼の魅力だったと思うのですが、今では歌を太く歌うこともできるようになっていました。ピッチの取り方やビブラートなど、表現の一つひとつがレベルアップしています。

でも、彼はいつも何かに〝迷い〟がある。でもその迷い、**つまりは隙が、翔太の魅力でもあると思うんです**。だから放っておけないし、支えたくなるし、成長を見守りたくなるんだろうなって。

彼のために曲が書きたいと思わせる。今の彼だからこそ歌える歌、歌うべき歌があると思っていて、僕しか気付けていない側面もある気がしています。彼の強さ、妖艶さ、スピード感、突き抜けた表現を、もっと見せていきたいですね。

僕の中で宮野真守と蒼井翔太は対照的で、まるで太陽と月のように感じているんです。ふたりのまったく個性の違う男性声優と活動を共にできていることは、僕にとっても財産ですね。

音楽家が原作を手掛ける理由

「ＥＴＥＲＮＡＬ ＢＬＡＺＥ」から今年で13年。気が付けば長い間、Ｅｌｅｍｅｎｔｓ Ｇａｒｄｅｎは仕事をし続けています。

これからも僕たちは止まることなく音楽を作り続けていくわけですが、きっと自分たち自身が〝トップクリエイターチーム〟だと思った瞬間、その挑戦は終わってしまうでしょう。

僕は音楽活動20周年を迎えましたが、どんなに最高だと思える曲を作っても今まで一度もトップであったなんて思ったことはありません。

ただエレガの会議ではクリエイターたちに「トップの気持ちでやれ」と

言っています。常にトップを目指し、挑戦することを忘れないように。

それはアニメ業界の構造にも理由があって、1クール1クールいつも真剣勝負を繰り返していて、毎年シーンやトレンドが入れ替わる。それくらいアニソン業界の最前線は常に目まぐるしいんです。

トップだと慢心した人から落ちていく、それがアニソン業界だと思っています。

僕の感覚的にはクールごとにオリンピックが開催されているようなもので、誰が金メダルを取ったとか、誰が脱落したとか、そういう結果が必ず出てしまう。取り方によってはものすごく怖い業界だし、チャンスにあふれた業界とも言えます。

Elements Garden以外では、最近だと『**マクロスΔ**』(2016年)の「一度だけの恋なら」をはじめとするワルキューレの曲や奈々ちゃんの曲をいくつも書いている加藤裕介さんとか、『**けいおん!**』(2009年)で彗星のごとく現れたTom-H@ckくんとか、少し年上ですが神前暁さんは、同じ業界でも少なからず意識したことがある存在です。

マクロスΔ(デルタ)
2016年よりTOKYO MXほかにて放送された、『マクロスシリーズ』第7作品目にあたるTVアニメ。

けいおん!
芳文社発行『まんがタイムきらら』にて連載されていた同タイトルの4コマ漫画を原作とするアニメ作品。軽音部に所属する女子高生の日常を描くストーリーで、2009年に第1期、2010年に第2期が放送された。

ただ、正直なことを言うと本当の意味で人に嫉妬したことはないかもしれない。**人に嫉妬するというより、曲に嫉妬することのほうが多いんです。**

Ｓｏｕｎｄ Ｈｏｒｉｚｏｎの Ｒｅｖｏさんが Ｌｉｎｋｅｄ Ｈｏｒｉｚｏｎとして出した「紅蓮の弓矢」（２０１３年・ＴＶアニメ『**進撃の巨人**』オープニングテーマ）も、Ｒｅｖｏさんご自身が歌うことに合わせて作られているから、あれだけド派手な曲なのにカラオケでも歌えるくらいにキャッチーなメロディになっている。あれはすごい。

あとはｓｕｐｅｒｃｅｌｌのｒｙｏさん。彼の「君の知らない物語」（２００９年・ＴＶアニメ『**化物語**』エンディングテーマ）には一時期ハマって、研究しましたね。彼のシンガーソングライター感というか、青春をそのまま音楽にできる感じと、やなぎなぎさんの歌声が絶妙ですごく好きでした。

唯一、長い間僕の憧れで居続けてくれるのは、やはり高校生の頃に出会った菅野よう子さんの音楽です。まだまだ追いつけません。

僕と菅野さんの決定的な違いは、**菅野さんは〈音楽語をしゃべることができる人〉で、僕は〈翻訳された音楽語を扱うのがうまい人〉だと思っているん**

進撃の巨人
巨人と人間たちとの闘いを描いた諫山創作のファンタジーバトル漫画。ＴＶアニメシリーズは２０１３年より第１期、２０１７年より第２期が放送。２０１８年７月より第３期の放送も決定している（２０１８年４月現在）。

化物語
西尾維新によるファンタジー小説を原作とするＴＶアニメ作品で、２００９年に独立ＵＨＦ系列ほかにて放送された。〈物語〉シリーズ第１弾にあたる。

です。

音楽語を直接操れる人に、僕がかなうわけがない。だから僕にとって菅野さんは永遠に追いつけない憧れの存在であり続けるのかもしれません。

ただ、音楽を作ることにおいて菅野よう子という存在は神ですが、僕は『うたの☆プリンスさまっ♪』や『戦姫絶唱シンフォギア』のように、音楽も内包する枠組みを作ることができた。音楽そのものだけではなく、音楽を使ったアプローチの仕方を考えるという部分では、少しはかなうことができているのかな（笑）。

菅野さんには音楽でかなわない、しかしそのコンプレックスさえも武器にしたい。それが僕の考え方です。

たとえば原作を手掛けることもそうですし、Ｅｌｅｍｅｎｔｓ Ｇａｒｄｅｎというチームでこの業界に挑戦し続けることもそう。

しかし枠組みを作る側に回ってみると、今度はまたタイプの違う大きな存在が気になりはじめるんです。

それが、今は秋元康さんですね。秋元さんはＡＫＢ48グループを通じてさまざまな仕組みを作り出しながら、ご自身もクリエイターとして歌詞を書き続けている。そしてその歌詞が、またどれも素晴らしい。

僕は『うたの☆プリンスさまっ♪』や『戦姫絶唱シンフォギア』に続く新しいコンテンツをこれからも生み出しながら、それぞれをしっかりと育て上げていくことで、**この文化を日本だけではなく、世界中の皆さんにもっと愛してもらえるような文化にしていきたい。**

そういう意味で、遥か先を歩かれている秋元さんのことをとても尊敬しています。僕自身まだまだやるべきことだらけだけど、だからこそ燃える。

20年前は、声優が単独で紅白歌合戦に出られる未来が来るなんて誰も想像していなかった。でも現実は想像を超えました。

そもそも〝夢を見る〟ということは非現実的なことを想像することではなく、自分の目標を実現させるための設計図を描くことだと思うんです。

ただ、僕がこんな大それたことが言えるのも、アリア・エンターテインメントのスタッフたちが本当に優秀で頑張り屋だからです。

僕がひとりでほえていても、そこには何の説得力も生まれない。みんな僕がとんでもないことを言い始めても、最終的には「やりましょう！」と言って真剣についてきてくれるんです。

僕って昔から人には恵まれているんですよね。冗談ではなく、この会社とスタッフたちのためなら死んでもいいと思いますから。

若い頃は自信過剰になりがちで、「なんでもひとりでやれるよ！」なんて思っていましたけど、実際は無理です。人間がひとりでできることなんて、たかが知れていますから。この会社とスタッフ、そして仲間たちは、掛け替えのない僕の財産です。

スタジオに飾られている『うた☆プリ』のグッズやイラスト

NORIYASU AGEMATSU × AKIO MISHIMA

上松範康×三嶋章夫

数々の作品で仕事をしてきたふたり。
「一生仕事を共にする人」と語る三嶋さんから見た上松さんとは？

上松　僕と出会った頃のことって覚えていますか？

三嶋　もちろん！　僕はあげまっちゃんの師匠・河辺（健宏）さんと何度かお仕事をしていたから、初対面は彼のアシスタントだった頃だね。これは今だから言うわけじゃないけど、あの頃から君は特別なオーラが出まくってた！

上松　冗談にしか聞こえないんですけど（笑）。

三嶋　ホントホント！　河辺さんの下には他にも作家さんがいたけど、あげまっちゃんは特別だった。あの頃ＺＩＧＧＹ（カリスマ的ヴォーカリスト森重樹一を擁するハードロックバンド）の仕事をしてたよね？

上松　してました。ＺＩＧＧＹとＨＯＵＮＤ ＤＯＧ（１９７６年結成。大友康平を中心としたロックバンド）のマニピュレーターをやっていたんです。死ぬほど怒られた思い出ばかりですけど（苦笑）。まさに下積み時代です。

Profile
みしまあきお●キングレコード株式会社 キング・アミューズメント・クリエイティブ本部 本部長。水樹奈々のプロデュースや『魔法少女リリカルなのは』などのアニメ作品を手掛ける。

三嶋　2000年くらいだったかな? 長髪でやせていて、だけどなぜだかギラギラしてた。(佐藤)ひろ美ちゃんきっかけの仕事で会ったのが最初だと思うけど、それも古い話やなぁ(笑)。

上松　あの頃から三嶋さんは作品やアーティストに対する愛の深さが本当にすごくて。「**プロデューサーとはここまで身を削らなければならないのか**」と驚かされました。

三嶋　今のところは太字でお願いしますね(一同笑)。でもあの頃は本当に、まったく家に帰る暇がなかった。帰ったら負けというか、仕事に対するスイッチがずっと入りっぱなしだったかも。

上松　勉強や経験を積ませるために、奈々ちゃんをライブや楽器のレコーディングなどいろいろなところに連れて行っていたし、作家とアーティストを引き合わせて仕事させるのも、実は当時すごく新鮮で。僕たちみたいな若い作家にここまでしてくれるんだって思いましたから。

三嶋　あの当時はPCゲームブランドのKeyやLeafの音楽がすごく評価され始めた時期で、その後もPCゲーム業界から続々と新しい才能が出てきていて。あげまっちゃんもそうだけど、みんな刺激的で面白かったんだよね。

上松　僕も藤間も淳平も、PCゲーム業界でたくさんキャリアを積ませてもらいましたから。

三嶋　とくにあの業界で活躍していた(佐藤)ひろ美ちゃん、栗林みな実さん(現・Minami)、KOTOKOさんの3アーティストは「アニソン業界でも活躍するだろうなぁ」と思って眺めていました。TVアニメ『魔法少女リリカルなのは』ももともとPCゲーム『とらいあんぐるハート』シリーズからのスピンオフ作品だったし、プロデューサーとして参加したOVA『とらいあんぐるハート3 ~Sweet Songs Forever~』(2003年)の主題歌を歌っていたKOTOKOさんとI've さんの楽曲はホントに素晴らしかった。

上松 「Tears, Night」で久しぶりに再会したときは、どんな心境でした?

三嶋 「やっぱり俺の目に狂いはなかった!」ですよ(一同笑)。でも本当に〝時代の音〟を作ったというか、ストリングスが入った豪華なサウンドで、なおかつライブでも盛り上がれるパワーのある楽曲を、時代が求めていたタイミングだったと思うんです。

上松 僕たちがPCゲームの曲を作っていた時代って、予算の都合で本物の弦がなかなか録れなかったんです。アニメ主題歌のお仕事第一号が「翼はPleasure Line」だったのですが、そこで僕のやりたかったことが爆発したんですよね。

三嶋 でも上松範康のような音楽家、もう二度と現れないと思いますよ。時代の流れみたいなものもあったとは思うけど、こんな短期間に、音楽の力でひとつの業界を動かした作曲家は他にいないと思うから。「ETERNAL BLAZE」のトラックダウンを終えたときのことはいまだに忘れられない。「これは何かが起こる」「何かが変わる」と初めて感じた夜でした。

上松 三嶋さんがあのときすごく興奮していたのを覚えています。

三嶋 でもその後、アニソン業界があげまっちゃんが作ったマイナー(短調)でアップテンポな曲ばかりになった。つまりはエレガがブームを作ったわけだけど、そうなったらなったで今度は違う展開が我々的には欲しくなる。そういうタイミングでちゃんと「DISCOTHEQUE」のようなノスタルジックなダンス曲や至高のバラード曲「深愛」を作ってしまうんだから、やっぱり普通の感性ではないと思うよ。水樹奈々におけるスタンダードナンバーと言われるものをあげまっちゃんが作ってくれたもんね。

上松　三嶋さんが「ここぞ!」というタイミングでチャンスをくださったからですよ。そして三嶋さんが納得されるまで延々とリテイクしてもらいましたから。三嶋さんはいつも抽象的なヴィジョンでリテイクをくださるんですけど、たしかにそのほうが限界に近づけるんですよね。具体的に言われてしまうと枠が決められてしまうから、その範疇を超えることができなくなる。その代わり、一度ハマると正解が出るまでとにかく長い(苦笑)。「Vitalization」(2013年)のときで過去最高の二十数回リテイクを食らいまして、ストレスで口内炎がたくさんできましたから。

三嶋　奈々ちゃんがキック(バスドラム)の音にこだわり始めちゃって。それだけで何度リテイクしてもらったか。

上松　三嶋さんは「もうひとつ上がある」と言ってリテイクをくださることが多いのですが、夢にまで三嶋さんが出てきて「もうひとつ上がある」と言われて。何度もうなされたことがありました(一同笑)。

三嶋　作家たちは「これが最高です!」と言っ

て送ってきてくれるのに、それに対して「もうひとつ上がある」と何度も言われたらそりゃうなされるよね（笑）。昔はいくらスケジュールが差し迫っていても、繰り返しリテイクしてもらっていました。昔のほうがもっとムチャクチャな要求してたな。たとえば音を○とか△とか□とか図形で表現したり、僕の抽象的なイメージのリテイクを受けとめてくれてるあげまっちゃんが、迷宮に入ってワケがわからなくなっているのもわかるんです。それでも延々とやり取りしているうちに、突然まったく違うアングルから「こういうことですか!?」という的を射たデモが届くんですよ。そこからは「もうひとつ上」を指示する作業で。

上松　そのスパルタなリテイクのおかげで鍛えられましたし、ちょっとやそっとじゃ動揺しないメンタルまで手に入れました（笑）。あと三嶋さんの「もうひとつ上」の要求に対して、自分の中で明確に、別の次元の感性にスイッチを〝カチッ〟と入れることができるようになりましたね。これは作家としてすごく大切な武器だと思っています。

三嶋　もう大先生だもんなー。簡単にリテイクなんかしたら怒られるんちゃうか？

上松　怒りませんよ！　だって今もしデモを提出して納得いかなかったら絶対に「もうひとつ上がある」と言いますよね？

三嶋　そりゃ言うよ！（一同笑）

上松　でも『うた☆プリ』も『シンフォギア』もアニメ化の企画を通してくださったのは三嶋さんですし、僕は一生頭が上がりません。

三嶋　企画が面白かったもんね。『うた☆プリ』

は「東京ドームまで目指そう」というヴィジョンが僕には見えたし、『シンフォギア』は金子（彰史）さんを連れてきたのもよかった。歌いながら戦うというアイデアもさることながら、「〝シンフォギア〟ってネットで検索してもゼロ件なんですよ！」と言っていて、「それはいいな」と思ったんです。

上松　おっしゃってました。「あげまっちゃん、それは本当に大事！」って。

三嶋　2008年くらいに初めて原作の企画書を見せてもらったんだけど、あのときの正直な感想は「なんやねん原作って。そんなんどうでもイイからもっと曲書いてや！」だったけどね（一同笑）。

上松　じゃあ何で受けてくれたんですか？

三嶋　これは冗談ではなくてね、僕の中で感覚的に「この人とは一生仕事を共にするだろうな」という天才というか宇宙人というか、エスパーみたいな人がこれまで5人くらいいて、そのひとりがあげまっちゃんなんです。僕はモノづくり自体できないけど、その才能を営業したりプロデュースするのが僕の役目なのかなって……。〝一生仕事を共にする人〟が持ってきた案件は、基本的にはどんなものでも受け入れようと思っているんです。そして、僕がその人の代わりに売る。「なんだって売ってやるわ！」みたいな気持ちです。そういう覚悟でいるから、これからも面白い企画を持ってきて僕を驚かしてください。

上松　まさかそんなふうに思われているなんて、ビックリです。ありがとうございます。

三嶋　あと、ちゃんと曲も書いてね（笑）。

Chapter 4

『戦姫絶唱シンフォギア』で変えた業界の常識

勘違いが生み出した奇跡の戦闘シーン

女性向けだけではなく、男性向け作品の原作もやりたいと思っていました。「原作を作ろう！」と思ったときに『うた☆プリ』と同時に生まれた企画のひとつが『シンフォギア』です。

でも企画した当初、僕の中では「歌いながら戦わせよう」だなんて思ってもいなくて、戦闘シーンでキャラクターごとに挿入歌が流れたりする、〈たくさんかっこいい曲が聴けるアニメ〉のようなイメージで企画したんです。

それなのに、第1期の監督だった伊藤（達文）さんが〈キャラが歌いながら戦うアニメ〉だと完全に勘違いしていて。

「え？ 歌いながら戦うんですよね？」

「いえ、歌うキャラも作るとは言いましたけど……」

「ええ！ 全員歌って戦うんじゃないんですか？」

「……それ、本当にできるんですか？」

まさに奇跡の誤解が、この作品ならではの強烈な個性を生み出したんです。

2000年代のアニメ業界って『涼宮ハルヒの憂鬱』や『マクロスF』『けいおん!』などなど、アニメとライブが融合した作品がブレイクしていた時期だったので、この『シンフォギア』がまた新しい〝アニメ×ライブ〟の形を提案できるかもしれないと思いました。

そして理想的なライブシーンを生み出すために、『マクロス』シリーズの**サテライト**さんに協力を仰ぎたいと思ったんです。すでに当時『**マクロスF**』というアニメ×ライブで大成功を収めた看板作品があったので、サテライトさんに参加していただければ間違いないだろうと。「『マクロスF』のような躍動感のあるライブシーンをアニメで描きたい」と一生懸命に伝えた結果、うれしいことに参加していただけることになったんです。

そのあと、**河森正治**さんにもお会いさせていただく機会がありました。「僕は高校生の頃に『マクロスプラス』と出会って……」という自分のルーツの話も聞いていただきましたね。

サテライト
1995年に設立された、アニメーションの企画制作及び関連事業を行なう会社。『マクロス』シリーズや『戦姫絶唱シンフォギア』の制作で知られる。

マクロスF
『マクロスシリーズ』生誕25周年記念作品として2008年からMBS・TBS系列にて放送されたTVアニメ作品。2009年、2011年には劇場版前・後編が公開された。

河森正治
メカニックデザイナー、アニメーション監督。初代『マクロス』から『マクロスΔ』まで同シリーズのすべてに関わる。

困難を極めたアフレコ

〝アニメ×ライブ〟を生み出す土壌は整いましたが、そのあとに待っていた障壁はアフレコでした。〈声優さんたちが芝居をしながら歌う〉というかつてない取り組みがスタートしたわけですが、案の定困難を極めました。

まずアフレコスタジオには歌を録る機材がなく、エンジニアさんからは「今までやったことがありません」とはっきり言われました。僕も音楽畑の人間ですから「そりゃそうですよね……（苦笑）」と言うしかなくて。第1期はノウハウが何もなかったから、声優さんたちもものすごく大変そうで。前例がないから、自分たちがやっていることが正しいのか何なのか、正直よくわからなかった。それでも信じてやり続けていきました。

するとこちらの本気が伝わったのか、第1期の途中からアフレコスタジオにヴォーカルが録れる機材を導入してくれたんです。

そしてアフレコでは監督（第1期・伊藤達文 ／第2期〜第4期・小野勝巳）

と僕、シナリオの金子彰史、音楽制作ディレクターの吹田、そして音響監督の本山哲さんが立ち会ってレコーディングを進めていきました。監督が画とリンクしているかをチェックして、金子さんがシナリオを確認、吹田が歌詞をチェックして、僕がヴォーカルディレクションをする。そしてそれが音響的にも演技的にも問題ないかを本山さんがチェックする。

「この殴るように歌うシーン、タイミングは合っていますか？」

「ここで大きく口が開く画が入るので大丈夫です」

というような、独特のやり取りが毎週繰り広げられていきました。そうして『シンフォギア』ならではのアフレコ収録体制が出来上がったんです。さらに、最終的にキングレコード森井佑介プロデューサーが全体をチェックする。この独特の体制は、もしかするとほかの作品ではまねできないかもしれませんね。

というのもアニメの歴史はとても長いので、「アフレコとはこう録るべき」という厳然としたルールがあるんです。僕みたいな〝音楽家が原作者〟みたいな立場の人間が、ルールを知らずに引っかき回さないと、こうはならないと思うんです。

きっと最初は「面倒くさいなぁ……！」と思われていたはずです。だって労力が通常の何倍もかかりますから。でも作品を完成させるにはこの方法しかないので、みんなで頑張って乗り越えるしかなかった。その後作品が評価され始めるにつれて、やっていることは間違っていなかったのだと、どんどんチームの絆が強くなっていきました。

僕が原作を手掛けた『シンフォギア』ですが、現在はほぼ金子さんに任せています。第2期のタイミングで僕はどうしても装者を3人増やしたくて、

「金子さん！ 装者を3人増やして！」

「無理！ 話数を考えたらキャラクターを描ききれない！」

「でも絶対によくなる絵が見えるんだよぉ～！」

とお願いして以降は、金子さんがほぼ自由にシナリオを展開してくれています。そこからは、彼の中でどんどんアイデアが膨らんでいって、ここまで長期にわたるアニメシリーズにすることができました。


ビックリすることに、第４期になってパッケージの売り上げがさらに伸び

たんです。アニメの歴史の中でも、第4期まで右肩上がりというのはなかなかない出来事だと思うんです。これはパートナーであるキングレコードさんが、強力なライブ力をもっているからこそ。ライブイベントの場所が、次のシーズンに向けての決起集会の場所になる。だからこそ熱をどんどんと帯びていくんです。

僕は金子彰史というシナリオライターを〝伝説の男〟だと思っているし、第5期まで右肩上がりになると信じています。それくらい、僕は金子さんに感謝しているし、信頼もしているんです。

〝殴り歌う〟装者たちの苦悩

装者たちを演じるキャストはオーディションで決めたのですが、悠木碧さんについては僕だけが最後まで起用について悩んだんです。

周りのスタッフはみんな彼女を推すのですが、僕の中では〈歌いながら芝居をする〉ということを重くとらえすぎていたのか、歌も芝居も完成された人を選ぼうと意識していたので、彼女をまだ理解しきれていなかったこともあり、決断に至れませんでした。しかし彼女は、完璧なまでに立花響そのものでした。彼女が歌を通じて成長する姿を見たいという思いとともに、彼女を推すスタッフの意見を信じて進もうと思ったんです。

アフレコが始まってから、彼女がいちばん泣いていたと思います。「ごめんなさい、歌い方がわからないです……」そんな発言に、「悠木ちゃん、やってみよう。スタッフを信じてみよう」と伝えると、悩みながら、迷いながら演じてくれていました。

でも僕は気づいたんです。**彼女の悩みや迷いが、響の演技にリアリティーを与えていたことに。**

アニメとは基本的に主人公の成長物語なわけですが、それを見事に表現し尽くしてくれました。彼女のその後の成長に関しては、もはや言うまでもないでしょう。僕は彼女のことを〝ミス・シンフォギア〟ではなく〝ミスター・シンフォギア〟と呼んでいるのですが、今やこのシリーズを牽引してくれる大きな柱です。

『うた☆プリ』でも説明した声優とキャラクターを〝かすらせる〟手法については、シリーズを経るごとに要素として強くなっていると思います。金子さんがそういうことを読み解いて盛り込んでいく才能をもっているので加速していくのですが、その結果何が生まれるのかと言うと、ライブで装者たちが泣くほど感情があふれてくるんです。

演じているうちに、自分と重なるキャラクターたちを愛おしく思ってくれている証拠なので、本当にうれしくて。みんなで作り上げたアニメーションに、命を吹き込むのが声優さんたちです。その想いの純度は作品への愛に直結すると思っているので、できるだけ素直に役に入り込めるような仕掛けを作ってあげたい。

『シンフォギア』は死を伴う作品でもありますから、演じる声優の皆さんの感情に対する配慮などは、しっかりと行ってあげたいと思っています。

ライブでは感情が高まっている姿を何度か見ているのですが、アフレコ現場で奈々ちゃんが歌を歌いながら、感情があふれてうるっときているところを初めて見ました。

2期では雪音クリス役の高垣（彩陽）さんが、アフレコ現場で翼を演じる奈々ちゃんに対して、マイクを離れても「センパイ、ここは私が行ってきますんで！」みたいなことを言うんですよ（笑）。そういうところにキャラへの没入を感じてうれしくなりますよね。

彼女たちがアフレコスタジオのマイクに向かって〝殴り歌う〟あの迫力は、我々の現場でしかお目にかかれない『シンフォギア』名物です。台本を読みながら、画に合わせて激しく歌いながら芝居する、あんなことができるのは世界中で装者を演じる彼女たちだけだと思いますから。

『うた☆プリ』も『シンフォギア』も同じですが、声優さんたちに愛してもらえる作品作りはこれからも絶対に忘れてはならないことだと思っています。

スタジオに飾られている『戦姫絶唱シンフォギア』のグッズやイラスト

NORIYASU AGEMATSU × AKIHUMI KANEKO

上松範康×金子彰史

金子さんが教えてくれた物語を書くコツ。そこから始まった『戦姫絶唱シンフォギア』ができるまで。

Profile

かねこあきふみ●『ワイルドアームズ』シリーズのトータルゲームデザイナー。『戦姫絶唱シンフォギア』シリーズでは原作・構成・脚本を担当する。

上松　『ワイルドアームズ　ザ　フィフスヴァンガード』（２００６年）から考えると、出会ってからもう13年近い年月が流れていますね。

金子　そういうことになりますね。『ワイルドアームズ』シリーズが10周年を迎えるタイミングということで、音楽を含めたクリエイティヴを刷新することになった際、当時キングレコードのプロデューサーだったIさんが「まかせとけ！」と息巻いて連れてきてくれたのが上松さんでした。

上松　僕としてはチャンスだと思ったんですよ。その当時はいわゆる〝萌え系〟の男性向けアニメ作品の音楽を多く手掛けていたので、RPG作品の音楽もぜひやってみたいと思ったんです。そこで70曲近くサンプルを作って送ったら「送りすぎだ！」と怒られて（笑）。

金子　自分の耳に届いたのは2～3曲くらいだったけど（一同笑）。きっと70曲から上松さんのいいところを見定めつつ金子の嗜好を理解して厳選してくださったんでしょうね。実はほかにも音楽の候補として、超がつくビッグネームのお名前もいくつか出ていたんです。でも実際に耳で聴いたときに、金子作品を音楽でしっかりと演出してくれるのはこの人だと思って、上松さんに決めたんです。

上松　僕としてはまだ駆け出しくらいに感じていたのに、この頃から急にいろいろな仕事が評価され始めて。奈々ちゃんとの仕事をはじめすごく順調に行きすぎていたので「ワナかもしれない。気を付けよう……」なんて考えていました（笑）。

金子　主題歌もIさんから水樹奈々さんをご紹介いただいたんですよね。

上松　そうして「Ｊｕｓｔｉｃｅ ｔｏ Ｂｅｌｉｅｖｅ」が生まれたんですけど、それまで音楽を担当されていたなるけみちこさんの印象が強烈にあったので、作っているうちにだんだんと沼にハマっていくような怖さがあったのを覚えています。『ワイルドアームズ』のイメージを最大限尊重しつつ、水樹奈々の個性を乗せるという試行錯誤を何度も経て生まれた曲です。

金子　懐かしいですね。実は、昨今のアニメにまったく詳しくないので、水樹さんがどれほど人気のある方か当時はまだ知らなかった。そこでサンプルとして『魔法少女リリカルなのはＡ's』を送っていただいて観たのですが、作品としてすごく面白くて。ハマってしまったけど第2期から入ったので第1期の内容を知らない。そこで〈俺が考えた『リリカルなのは』第1期〉のシナリオを勝手に書いてIさんに送り付けていたんです。そうしたら面倒くさいと思われたのか、「原作の都築真紀さんを紹介するから……」と言われて。そこで交流が生まれてPSP専用ゲーム『リリカルなのはA's』の開発に携わることになって。

上松　本当に情熱の人ですよね。金子さんとはその少し後に、ある新作ゲームの発表パーティーの会場で偶然再会して……。

金子　「金子さん、僕に物語を書くコツを教えてください」と言われました(笑)。

上松　まさに〈その時歴史が動いた〉ですけど、それまではまだ自分ですべての物語を書くつもりでいたんですよ。金子さんは音楽を大事にしてくれるプロデューサーであり脚本家なので、僕が考えていたアニメの原作企画にヒントをくれるんじゃないかと思って。そこで後日、僕の〝小学生が一生懸命に考えた〟みたいな企画案とプロットを金子さんに送ったんです。

金子　上松さんから届いた企画のベースって、主人公たちの名前と、必殺技と、スリーサイズが書いてあるくらいだったから(一同笑)。

上松　恥ずかしい！　僕はそれだけあれば「キャラは動く！」と思い込んでいましたから(笑)。

金子　でもね、上松さんがヘンにカッコつけずに〝やりたいこと〟〝やれないこと〟〝未熟な部分〟を全部さらけ出してくれたからよかったんですよ。しかも信頼してくれて「好きに料理してください！」だったから。これが初めからガッチガチに設定が固まっていて「僕のポリシー的に設定の変更は無理！」とか言われていたら、「こっちも無理！」になっていたと思う。

上松　最初のメールを送ったその一週間後、金子さんからの「シナリオとはこうやって書くんだよ」という返信メールに『戦姫絶唱シンフォギア』13話分のプロットが添付してあったんです。プロットに目を通しながらも、だんだんと興奮していく自分がいましたね。「……これでいいじゃないか！」って。いや、「むしろこれがいい！」って。内容があまりにも面白かったから「このプロットがアニメにならないほうがおかしい！」とまで思い込んでいて。

金子　自分としては「コツを教えてくれ」と言われたものの教えるような立場でもないと思っていたから「俺ならこうするよ」と書いたもので。アドバイス的な部分だと、たとえば「初めからキャラクター数が多すぎるから減らそう」とか「この情報量だと1クールじゃおさまらないよ」とか「〝人の死〟を扱うにしてはリアリティラインが低すぎる」とか。

上松　僕が初めから用意していたキャラで、第一期の決定稿まで残っていたのは翼と響、そしてクリス。でもクリスが敵方として登場する設定は金子さんだし、奏も金子さんのアイデアでしたね。

金子　奏の名付け親は上松さんですけどね。自分的には翼の原動力になるキャラを作りたかったんです。金子が考える物語の基本に〈欠けているものを埋めていく〉というのがあるのですが、ヒーローとしての資質をもってない響に対して、ヒーローとしての資質をなくした翼としたかった。だから『シンフォギア』という物語には奏が不可欠だったんです。でも、あのプロットがまさかキングレコードさんに渡り、しばらくしたら「アニメ化決まりました!」と言われるとは思ってもいなかった。しかも原作者のひとりとしてシリーズ構成をしてほしいとまで言われてしまって。何しろ金子には今どきの〝おもてなし〟がいっさいわからない。萌えは送り手が用意するものではなく、受け手の感性が拾い上げるものそれぞれと考えているタイプですから「自分がやるべきではない」と何度もお断りしました。でも「そんな金子さんだからいいんです!」と上松さんに説得されて、今日までやってきました。

上松　むしろ僕は、金子さんの作るシナリオがありふれた男性向けアニメとの差別化になり、そこがコンセプトになると思ったんです。僕としては当時放送していたアニメを観ていて「何が主題なのか、何がしたいのか、ぼやけていてよくわからない」と感じることが多かったから。僕はとにかく、金子さんの熱い物語とエレガの熱い音楽があれば絶対に観る人に訴えるものがあると信じていたし、絶対にほかと比べてとがって見えるだろうなって。

金子　上松さんは「シナリオを書きたい」と言ってきたけど、初めから考えていることはプロデューサーだったんですよ。現在のアニメシーンの中で『シンフォギア』が成立する算段を見極めていたってことだから。

上松　僕は金子さんの書いたストーリーとキャラクターに〝愛〟が芽生えてしまったんですよ。この物語と登場人物たちに「最高の音楽をつけたい!」と考えるほうにシフトしてしまった。だってキャラクターの名前を自分でつけて、その子のために音楽が作れるわけですから、愛情が芽生えないわけがない。ここまで愛してしまった作品を、僕はもっと大勢の人々に愛してもらいたいと思ったから。でも僕と金子さんの熱量をアニメにそのまま注ぎ込もうとするから、それがまた大変で（苦笑）。

金子　自分もそれまではゲーム制作しかしたことがなかったので、〝1話30分〟の尺問題には難儀しました。そしてアニメは、最終的な決定は監督に預けなければならない。そういった勝手がわからなかったので、最初はよくぶつかっていました。

上松　でも僕たちのそういった思いがだんだんとアニメの制作スタッフにも伝わっていったのか、可能な限りこちらの難しい要望にも耳を傾けて、対応してくださるようになりましたね。

金子　改めて『シンフォギア』を通じて感じた上松さんの音楽家としての魅力って、曲をオーダーした側が〝10〟を求めると、〝8〟だけくみ取って、そこに別の〝2〟を足して〝10〟にするのではなく、必ず〝4〟を足して〝12〟にすることで、想像を超えてくる。その「ここまでやるのか」に人は感動するし、努力や情熱や作品愛を感じてしまう。これは音楽家としてもそうなのですが、プロデューサーとしての采配ですよね。

上松　今は純粋な音楽としてだけではなく総合力で勝負していますけど、いつか純粋な音楽家として金子さんのゲーム最新作に曲をつけたいです。

金子　次に音楽をディレクションできる現場があれば、絶対に上松さんにお願いしたい。だから今から予約しておきますね（笑）。

Chapter 5

『BanG Dream!』

～エレガ流ガールズバンドの作り方～

豪腕の天才、ブシロード木谷高明と『BanG Dream!』

『BanG Dream!』(バンドリ!)にかかわるようになったきっかけは、**ブシロード**の木谷さんからある日突然「今から会えませんか?」と連絡があったからです。もう古い付き合いなので、木谷さんからの唐突な連絡に「これは何かが起こるぞ……」という予感がしていました。僕の中で木谷さんは、ブロッコリー時代に、立ち上げたばかりのElements Gardenを率先して使ってくれた大恩人でもあります。いつか恩返しがしたいと思っていた、その矢先の出来事でした。

しばらくして木谷さんが1枚の絵を持ってやってきて、こう言ったんです。「上松さん、次はバンドです! 声優さんたちがバンドを結成して、楽器を弾くんです! バンド活動するんです!」と。

僕の第一印象としては「ムリムリムリムリ……!」でしたが、まずは黙って聞いていました。ただ、その木谷さんのヴィジョンには大いに納得させ

ブシロード
2007年に設立された、カードゲームの開発・発売を中心に各種コンテンツプロデュース業務も幅広く行なう企業。

られていました。木谷さんは**「これからの声優さんには〝一芸〟が必要！」**とおっしゃっていました。

「一生懸命になって楽器の練習に取り組み、自分を磨き高め上げていく声優さんたちの姿にドラマと感動が生まれる」と。

それは僕も『うた☆プリ』で挑戦し成功していたので、実感として理解していました。ただ、バンドと声優の橋渡しという大変困難な役回りを、果たして今の僕に務め上げることができるかどうかが不安だった。

そう感じながらも、木谷さんにはこうお願いしていました。「最低でも毎週2日は練習でスタジオに入れる声優さんたちを集めてください。それでなければ不可能だと思います」と。

でも木谷さんという人は、やると決めたら必ずやる人です。そしてプロモーションの鬼なので、必ずこの企画は突き抜けたものになるだろうと思いました。

すると、僕がやるべきことが次第にまとまっていきました。「まず声優さんたちが一生懸命に練習を重ねれば演奏できるレベルの曲を見定めて、それがちゃんとカッコよく聴こえるようにする。なおかつコール&レスポンスでライブが盛り上がれる要素も入った、そんないい曲たちを作ること」だと。

そう考えているうちに、ものすごく燃えてきたんですよ。これは今までやってきたノウハウをもった自分にしかできないことじゃないか?って。大変だからこそやってみたい、そう思っていました。その日、打ち合わせが終わる頃には木谷さんに「やっと恩返しをする機会が巡ってきました。必要とされる要素をすべて満たした、いい曲をたくさん書きます」と伝えました。会社の経営のことや『うた☆プリ』や『シンフォギア』に絡む仕事などで忙殺されていましたし、あまりにも前例がないことだったので「ムリムリムリムリムリ……!」とも思いましたが、**純粋に作家として頼られたことがすごくうれしかったんです。**

僕を音楽家として信じてくれた木谷さんがいい環境を作ってくれるなら、僕はそこにいい音楽を作るだけだと。それが『バンドリ!』の始まりでした。

バンドの苦悩と困難。そして唯一無二の存在へ

それからの動きは早かった。怒涛の勢いでキャストも集めて、物語を手掛けた小説家の中村航さんや僕たちも交えてみんなで熱海合宿をしたんです。そしてこの作品の企画名を付けるところから始めました。**「全員で考えて決めることに意義がある！」**という木谷さんの方針ですね。

あのとき、コンテンツを作る際に必要なことや座組の大切さを学びました。みんなで考えて、みんなでごはんを食べて、温泉でも語らう。すると企画自体がどんどん熱を帯びていくんです。そんな合宿を経て『ＢａｎＧ Ｄｒｅａｍ！』は名付けられ、走り出しました。

プロジェクト始動に伴い、実際に音楽を作っていくわけですが、たくさんの挫折がありました。やはり技術的に演奏できない。でも、今のレベルに合わせていてはお客様が納得しない。ユーザーはアップテンポなものをまず求めますから、曲は速くせざるを得ない。

声優のみんなは本当に苦しみながら、泣きながら練習していました。愛美ちゃんもほかの仕事を抱えながら、命を懸けるつもりでやっていましたが、練習にかけられる時間は限られているわけです。でも、涙を流しながら必死に取り組んでいるみんなの思いはお客様にちゃんと伝わるんですよね。

最初のライブは小さなライブハウスだったのですが（『ＢａｎＧ Ｄｒｅａｍ！ １ｓｔ Ｌｉｖｅ「春、バンド始めました！」』２０１５年４月18日・下北沢ガーデン）、愛美ちゃんが歌えなくて、悔しくて涙を流したんです。するとお客さんから「頑張れーっ！」という大きな声援が巻き起こったんです。曲は「創聖のアクエリオン」のカバーだったのですが、歌い直したときにこの日のピークと言える盛り上がりを迎えました。彼女の努力や頑張りが一体感という感動とドラマを生み出した瞬間、僕は隣にいた木谷さんに「これです！ これがあれば『バンドリ！』は大丈夫です！ この灯（ともしび）を消さずに、絶やさずに、最後まで突っ走りましょう！」と伝えました。

Poppin'Partyの音楽的なコンセプトは、ずばり〝青春〟です。忘れかけていた、でも誰の心の中にもある甘酸っぱい青春を等身大の音楽としてバンドで鳴らそう。そして演奏するバンドも、曲を作る我々も、青春を謳歌するかのように楽しもうと言っています。だから彼女たちは笑うんです。

ある日、ライブが終わったあとのメンバーにこう言いました。「今日はとにかく楽しんだね。その楽しんだ笑顔があれば、お客様たちは絶対に君たちを応援したくなる。だって、血のにじむような練習の日々を繰り返しながらステージに立っていることを、お客様たちは知っているから。それなのに君たちはステージ上で笑顔を振りまいている。それがどれだけすごいことか、絶対に伝わっているから。だからどんなにつらくても大変でもPoppin'Partyは最後に笑おう」と。

ステージに上がるまで、彼女たちは尋常ではないプレッシャーを感じながら、つらいとも苦しいとも言えない表情でスタンバイしていました。でもステージに上がると、そんなことを微塵も感じさせないように精いっぱいの笑顔でパフォーマンスをする。それって、実は〝芸事〟の基本でもあるんですよね。そして僕はそれがすごくカッコよく見えるんです。**あらゆる表現者たちが立ち向かっていることを、『バンドリ！』はそこも含めてエンターテイメントにしようとした。**ある意味では罪深い作品かもしれませんが、でもこの作品を通じて、彼女たちは本当に人間として成長したと思います。この先何があっても、多少のことでは絶対にへこたれたりなんてしないでしょう。『バンドリ！』って実際はものすごくありえないことをやってきたと思います。とくに最初の頃、狭いライブハウスだと、ステージとお客様の距離が近いので、ミスや未熟さが全部お客様にもバレてしまう。通常のアニソンや声優さんのライブでは注意を払わなければならないことだと思います。それでも僕は、全部生演奏しながら歌うことに意味があると思ったんです。

だから『バンドリ！』のライブはミスってもいい、下手なことがバレてもいい、ネットでたたかれようが何だろうが全部彼女たちがキャラクターを演じながら、振りもコーラスもやりながら、笑顔で演奏する。普通だったら声優さんにこんなこと絶対にやらせないでしょう。でもこれが『バンドリ！』にとって、ほかのコンテンツにはない大切なポリシーなんです。

そしてさらに大変だったのはＲｏｓｅｌｉａで、彼女たちは後から登場した〝演奏がうまい〟設定のバンドですから。最初に設定されているハードルがメッチャクチャ高い。下手なところを見せられない苦しさ、悔しさと向き合って、涼しい顔をしながらステージに立つことの難しさ、そして怖さは、彼女たちにしかわからないことかもしれませんね。そんな彼女たちの成長に合わせて、曲が生まれています。彼女たちと僕たち、そしてファンのみんなにとっての青春を突き詰めていこうというのが、これからも変わらずに続いていく作品のポリシーだと思います。そして『バンドリ！』にかかわることで、僕もＥｌｅｍｅｎｔｓ Ｇａｒｄｅｎもさまざまな成長を経験しました。エレガとしての音楽力を試されるような企画ですね。だからこそみんなには「絶対に俺たちにしかできない仕事をしよう」と言っています。

我々音楽家たちが本気で生み出したバンドですから、きっとこの先も彼女たちが〝声優バンド〟では最強であり続けると思います。

Chapter 6

『ファイナルファンタジー ブレイブエクスヴィアス』

～ファイナルファンタジーの音楽を創りたい！～

『ファイナルファンタジー』を愛するがゆえの決意

『ファイナルファンタジー』シリーズは僕にとってもルーツのひとつになるくらい影響を受けた作品ですが、そんな僕に『ファイナルファンタジー ブレイブエクスヴィアス』(2015年)の音楽制作の仕事が舞い込んできました。

あれはちょうど『CHAOS RINGS』シリーズの音楽を手掛けていた頃で、スクウェア・エニックスさんにお邪魔する機会が多かった時期のことです。

いろいろなお仕事の話をしていた流れで、「上松さん、実はもうひとつ相談があって……」と切り出されたのが『ファイナルファンタジー ブレイブエクスヴィアス』の音楽制作のお話で。「ちょっと待ってください。『ファイナルファンタジー』シリーズと言ったら植松伸夫さんじゃないんですか?」と思わず聞き返しました。

植松さんは僕も大変影響を受けた作曲家であり、『ファイナルファンタ

ファイナルファンタジー ブレイブエクスヴィアス 2015年よりスクウェア・エニックスより配信されている、スマホ向けソーシャルゲーム。

CHAOS RINGS 2010年よりスマホ・タブレット向けにスクウェア・エニックスより発売されたRPGゲーム。

ジー』の音楽＝植松さんだったので、驚いてしまって。「でも『CHAOS RINGS』の音楽が素晴らしかったし、上松さんの音楽が鳴っている『ファイナルファンタジー』がもう見えるので……」とおっしゃってくださったんです。

ただ、僕のスケジュールはもう何も入らないくらいにパンパンに詰まっていて、新しい仕事を受けられる余裕はまったくなかった。とはいえ子供のころから憧れていた『ファイナルファンタジー』の音楽。のどから手が出るほどやりたい！　……という気持ちはありつつも、僕ももう大人なので、自分の「やりたい！」という主張だけで仕事は受けられないなぁ……とあきらめかけていました。

そんなとき、隣にいた音楽制作ディレクターの吹田が目をキラキラさせながら「上松さん、やりましょう！」って言うんです。いつもだったら「無理な仕事は受けないでください！」と怒るはずの吹田が（笑）。「いや、この仕事はやるべきです！　スケジュールの調整は私がしますから！」と。どの仕事も少しでも遅れたらすべての歯車が崩れるようなぎっちぎちのスケジュールではありましたが、彼女の言葉を聞いて、僕のモチベーションがググググッ！と上がっていくのがわかりました。

僕にとって『ファイナルファンタジー』の音楽を担当することは夢でもありましたが、引き継ぎたい〈バトン〉だとも思いました。受けるからにはそのバトンは絶対に落とせない。

また、「『ファイナルファンタジー ブレイブエクスヴィアス』はドット絵をうまく使ってゲームを成立させたい」と説明を受けて、ますます僕がいちばんのめり込んでいた『ファイナルファンタジーⅣ』『ファイナルファンタジーⅤ』『ファイナルファンタジーⅥ』の手触りに近い作品になりそうなこともあり、さらにうれしかったですね。

「上松さんの好きな『ファイナルファンタジー』シリーズのイメージで、上松さんらしい高級感のある音楽をつけてください」とおっしゃっていただいたことで、方向性がバッチリと見えました。

強いメロディを生むために、指をガムテープでぐるぐる巻きに

そうして始まった『ブレイブエクスヴィアス』のＢＧＭ制作ですが、僕の中で『ファイナルファンタジー』シリーズに対するリスペクトが強すぎた結果、オーケストラのレコーディングを行うなど僕のこだわりの強い作品になりました。

これは渡されたバトンに対する、僕の意地でした。そして心のどこかで**「BGM制作の仕事はこれで最後かもしれない」**と思っていたので、どこに出しても恥ずかしくないものを作ろうと。

やはりＢＧＭ……アニメでは劇伴とも言いますが、その制作には膨大な時間がかかります。

作品に対してのめり込まなくてはならない期間が長く、さらにフルオーケストラで70～80曲を作るというのは、その期間は他の仕事はほぼ受けられない状態になると言っても過言ではありません。

そしてこれは僕の絶対に譲れないこだわりとして**「全曲最強のBGMにする」**ことを掲げました。

すでに新たな原作ものに着手することを決めていたので、ここまで徹底してやり切ったら、僕にはもう同じようにＢＧＭ制作に集中する時間は作れないこともわかっていました。そういう気持ちで作曲していたからこそ自分の中で〝ラスト感〟が漂い、より集中して真に迫るＢＧＭが生み出せたと思っています。

制作期間はおよそ1年間くらい。僕が曲を書き、それを写譜屋さんがオーケストラ用の楽譜に起こしていく……それが約60曲続くわけですが、まさに精も魂も尽き果てましたね。

しかもプロデューサーに聴かせて、納得いかないようなら書き直す。『ファイナルファンタジー』シリーズは『ファイナルファンタジーX』あたりからまるで映画音楽のようなスケール感になっていきましたが、プロデューサーと一緒にこだわったのは、『ファイナルファンタジーⅣ』『ファイナルファンタジーⅤ』『ファイナルファンタジーⅥ』のようにとにかく〈メロディありき〉のＢＧＭでした。

そこで僕が考えたのは、両手の人差し指と中指をガムテープでぐるぐる巻きにして、メロディとベースしか押さえられない手にすることでした。

すべての指を使って作曲してしまうと、はじめからオーケストラを意識したような曲になってしまい、メロディが若干弱くなる。

つまり昔のファミコンの音楽のように、**メロディとベースだけでも「あれは名曲だった」と印象に残るくらい、強いメロディを生み出そうと思ったんです。**

転調も、ガムテープで拘束した指で弾けるくらいキャッチーでなければダメだと思い、その指で作曲しました。

僕は強制的に指を拘束しましたが、昔の植松さんや『ドラゴンクエスト』のすぎやまこういちさんたちは、システム的に同時発音数が少ないからこそ、自然とその制約の中で曲を作っていた。

だからこそメロディだけで名曲と謳われるＢＧＭが生まれていたのではないかと思ったんです。

まずは最強のメロディを生み、それをオーケストラで壮大に、感動的に昇華させる。

やはり音楽のすべてはメロディありきで、その思いがプロデューサーと完全に共有できたことが、僕にとって幸せでした。

昨今のゲームはほぼ映画音楽と遜色のないようなBGMも増えましたが、そうなったことで、かつてのJ-RPGのよさであるメロディの魅力が失われているように感じていたんです。

「僕は映画音楽的なゲームのBGMを作りたいんじゃない。J-RPGの歴史に連なるBGMを作るんだ」というモチベーションで取り組めたことで、誰に聴かせても恥ずかしくない『ファイナルファンタジー』シリーズのBGMになりました。

きっと『ファイナルファンタジー』ファンであれば誰もが感涙するような、過去のBGMも織り交ぜながら新しい曲に仕上げたり……まあとにかく〝愛〟という名のもとに好き放題やらせていただいています(笑)。

全力を注ぎ込み、納得いくまでやらせていただいた『ファイナルファンタジー ブレイブエクスヴィアス』の音楽ですが、結果的に大きな反響と全世界で3,000万ダウンロードという高評価を得ることができて、ひとまずはほっとしました。

僕に豊かな音楽的な感動を与えてくれた『ファイナルファンタジー』シリーズと、数々の名曲を生み出してきたＪ－ＲＰＧの歴史に少しでも恩返しができたかな？ と思っています。

Chapter 7

これからの上松範康と Elements Garden

上松的これからの生き方

『ファイナルファンタジー ブレイブエクスヴィアス』で子供の頃からの夢をかなえることができましたが、よくいろいろな方から「上松さん、もう音楽家としてはやりたいことやりつくしたでしょう?」みたいなことを言われることがあります。

いやいや、ご冗談を。**僕は作り続けることが今世における使命だ**と思っていますし、まだまだ音楽の神様は僕に本当の〝答え〟を与えてくれない。むしろここまで作り続けてきたのに、まだまだ音楽に関して知りたいこと、やりたいことが出てきた。

それってある意味、神様が僕にくれた才能だとも思っていて。僕は「結婚はしません!」と公言していますが、どちらかと言うと〈結婚願望をもつことをあきらめている〉に感覚としては近いんです。

今世ではとにかく曲や物語を作り続ける。それくらい次から次へとやりたいことがあふれてくるから、それを天命と受け入れ、とにかく質の高いものを作り続ける。だから「神様、結婚は来世でさせてください！」という気持ちですね(笑)。

僕にとっての幸せって、今回の人生においては結婚より音楽や物語を作ることだったみたいです。

よく「子供に才能を託す」とか「生きた証として子供を」みたいな話も聞きますけど、そういう願望も僕はもっていないんです。

きっと僕にとっては曲や作品たち、そして生み出したキャラクターたちや会社のスタッフたちが子供のような存在だから、それぞれが生き生きとしているのを眺めていることで、そういった願望や欲は満たされているのかもしれません。

届けたい不変のメッセージ

2008年にElements Gardenとして初めてのコンピレー

ション・アルバム『Ｅｌｅｍｅｎｔｓ Ｇａｒｄｅｎ』を発表したのですが、初のオリジナルソングとして「ＳＡＬＶＡＧＥ ＲＥＱＵＩＥＭ」という曲を榊原ゆいさんに歌っていただき収録しました。

この曲の歌い出しは「始まりの音楽 それは風」なのですが、実は『戦姫絶唱シンフォギア』の「始まりの歌(バベル)」（２０１７年・ＴＶアニメ『戦姫絶唱シンフォギアＧ』挿入歌）の「始まりの音楽―ＢＡＢＥＬ―とは それはただの風だった」という歌詞とリンクしていて。

この〝風〟は空虚さや何もない空間のようなイメージを象徴しているのですが、これらは僕が〝音楽〟というものをどのようにとらえているかを表しています。

たとえばさびしさや孤独、すがりたい気持ちなど、人の心の欠けた部分を埋めるために音楽は生まれたのかもしれない。音楽という言葉に〝楽〟が入っているのは、音楽を楽しむことでつらいことを忘れたり、欠けた部分を補うためではないか……僕は音楽を作る人間として担わされた使命に、聴いてくれる人を癒やすこと、笑顔にすることを掲げています。

そして僕たちの曲を歌ってくれるアーティストという、答えの出ない戦いを繰り広げている同志たちを応援したいという思いも込めています。

我々は幸いなことに音楽を生み出すことを求められているのだから、できるだけ大勢の人に〝楽しさ＝笑顔〟を届けたい。できるだけいい影響を与え続けたい。これは僕がElements Gardenのみんなにももっていてほしいイメージであり、もち続けてほしいメッセージです。

コンプレックス＝創作のエネルギー

このメッセージは音楽を始めた当初からもっていたものではありません。

僕はなぜ音楽家になったのか。その答えは、おそらく「認められたい！」という強い〝承認欲求〟があったからだと思います。

昔から自分にはコンプレックスがあって、子供の頃は〝金持ちデブ〟というあだ名をつけられて、いじめられたこともありました。実際はバブルが弾けたせいで、家はデカかったけど借金まみれ。ぜんぜん金持ちなんかではなかったのに、それでいじめられるんだから踏んだり蹴ったりです（苦笑）。〝金持ち〟や〝デブ〟というレッテルがそうですけど、結局は見た目ですべて判断されてしまうという理不尽さを植え付けられて、少しだけ心がゆがんだ記憶があるんです。だからこそ、僕は学生時代から音楽の力を得て、見た目で判断される以上にカッコよくなりたい、目立ちたいと思うようになったのかもしれません。

親父がだいたい1億円くらい借金を作ってしまったおかげで、僕は家族に対しても強烈なコンプレックスが生まれてしまった。そのコンプレックスを払拭するために、僕がいつかその借金を返そうと思っていた。

でも実際は、僕よりも早く成功を収めた妹の美香の頑張りで借金がなくなり、上松家は救われました。しかし大きな目的が失われたまま大人になり、音楽を作り始めることになるわけですが、その目的が子供の頃から醸成されていたコンプレックスやトラウマから生まれた強い承認欲求にすり替わったのかもしれません。

僕が今まで頑張ってこられたのは、自分自身がコンプレックスによって

〝欠けている〟と思っているからで、それが先ほど語ったように、いくつかの歌詞にも表れています。

僕は両親のために家を買ったのですが、よく言えば親孝行だし、悪く言えばこのゆがんだ性格を救いたくて、自分自身のためにやったことなんです。借金苦から家族を救えなかったことへの贖罪を、今果たそうとしている。

だからなのか、僕って誰にもしないような自分の仕事の話を親にはたくさんするんですよ。結局、認めてもらいたいのは親なのかもしれなくて。僕の中でこの承認欲求は無限にわいてくるものであり、それが音楽や物語を生み出すすべての原動力になっています。

約40年生きてきたことで、こうやって話せるくらいに自分のトラウマやコンプレックスを受け入れることができました。むしろそれを糧にして、今バランスよく仕事を続けることができています。**コンプレックスは決してネガティブなものばかりじゃなくて、コンプレックスがあったからこそ僕はここまで頑張れたのだと思います。**

世界中で失恋にまつわる名曲があふれているのは、欠けた心やコンプレックスを音楽で補おうとしているからだと、僕は理解しています。だからもし、人には言えないようなコンプレックスで悩んでいたり、子供の頃のトラウマで苦しんでいる人がいるのなら、僕は悲観しすぎる必要はないと伝えてあげたい。今は陰の力でも、それを陽の力に転じることができる。それが人間ですから。

しかもコンプレックスから生まれたものは、不思議と人の心を動かすことが多い。音楽や絵画、映画など、コンプレックスから生まれた名作ばかりです。それだけコンプレックスって大きなエネルギーをもつし、それを生かすも殺すも自分次第、というわけなんですね。

〝恩を返す〟という生き方

僕はこの書籍の中でも、たびたび〝恩返し〟という言葉を使っていると思います。**音楽や物語を生み出すエネルギーとしてコンプレックスがあるとするなら、同じくらい大切な感覚として〝恩を返す〟という意識ももっていま**

す。

クリエイターが陥りやすい問題として、生み出したがゆえに〝エゴ〟が生まれやすいというものがあります。一側面では、エゴは当然もってしかるべきプライドのようなものでもありますが、実際の我々の職業というのは、発注される仕事があり、主題歌など音楽を制作するための作品があり、その作品が成立するために奔走する大勢のスタッフにお世話になったうえで、成り立っています。もっと言えば、レコード会社の皆さんやうちのスタッフ、曲を演奏するミュージシャン、そして表現するアーティストたちを含めて、仕事をすればするほど、さまざまな人々に恩が生まれます。

つまり我々クリエイターは、大勢の人々に働く場を与えられ、生かされている存在です。

僕が今まで約20年もの間音楽を作り続けることができたのは、この〝恩を返す〟ことを念頭に置きながら一つひとつの仕事を完遂し、新たに生まれた恩を返すことを繰り返してきたからだと思っているんです。これこそ僕がもっている音楽に対する敬意であり、音楽の神様に嫌われないようにするために必要な感情だと思っています。

創作することって本当に苦しい作業を伴いますし、何日も眠れない日々を送ることもあるので、クリエイターたちは「あんなに苦労したのに認められない……！」とか「手柄を横取りされた……！」という感情を抱きがちで、僕も注意しなければと思っているのですが、それを言っていいのは自分ひとりで何もかもを生み出して、ひとりで演奏して歌も歌って、ひとりでプロモーションしてCDにプレスしてグッズを作って流通させて……ということができる人だけかもしれませんね（笑）。

絶対に感謝の気持ちを忘れてしまってはいけません。

第2期ElementsGarden

今のElementsGardenは〝第2期〟の状態だと言えます。第1期はいわゆる創成期から黎明期であり、エレガが生まれてから僕自身がチームをまとめ上げていた時期。そして現在の第2期エレガは実質的に（藤田）淳平が統括していて、言うなれば過渡期から繁栄期に向けて進化しているところだと思っています。

　僕は今まで〈ひとりの作家を一人前と言われるまで育て上げるのに最低でも3年はかかる〉という持論のもと育成を行っていたのですが、淳平から「その制度をやめようと思っています」と言われました。やはり新しい世代には響かない部分もあるようなのです。

　今まで結構いろいろなところで「育成には最低3年はかかるよ！」と言ってきたから、その持論を引っ込める恥ずかしさもありますが（笑）、とはいえ時代に合わなくなってきた部分は正し、よりよい選択をしていくことが何より大切だと思います。

　僕としては、今までよしとしてきたことを妄信するのではなく、しっかりと考えたうえでいいと思う選択をしようと思ってくれた淳平には感謝しているし、エレガがしっかりと育ってきた証明でもあると思いました。その選択がたとえ間違えていたって、戻せばいいだけの話なのですから。

　エレガはつねに変化・進化させたいと思っているし、つねに時代とフィットするブランドであるべきだと思っています。そしてどんなときも丁寧な〝物作り〟を大切にしようと。たとえば僕は弟子と寿司を食べに行くと、板前さんが匠の技を駆使して握ってくださるその工程を、楽曲制作にたとえて伝えることがあります。料理と音楽、形は違いますが同じ物作りとしてとらえると、責任を持ち細部にまでこだわって届けられるものが、口に運ばれる寿司か耳に届けられる音楽かの違いだけ。さまざまな工程を経て届けられるものだからこそ、隅々にまでこだわる一流の仕事を心掛けたいんです。

僕たちは人間なので、一個人の考えでは迷うこともある。そのとき助けてくれるのがブランドでありチームなんです。悩んだときはエレガというブランドとは何かを改めて問い、チームで助け合う。

僕たちは一生音楽でご飯を食べていく覚悟と責任をもって仕事をしている〝個〟であり、その個が集まった〝チーム〟です。エレガとしての強みを生かしながら、いつの時代も求められる音楽に対する正解にいちばん近いところにいる努力をしようと。

僕がまとめていた第1期から現在まで続けていることに、エレガ会議というものがあります。毎週作家たちが集まって自分たちの制作の進捗を報告し合ったり、迷っていることや行き詰まっていることがあれば意見を求めたりする会議なのですが、こんなことをする音楽作家事務所はほかにないと思っています。

昔から基本的には合議制だし風通しのいいチームを目指していて、今はそういう部分も含めて淳平が仕切ってくれています。淳平は僕にはできなかった、新しいルール作りからクオリティーコントロールまで含めてやってくれています。

ただ僕や佐藤ひろ美がそのやり方をよく見ていて、疑問に思うことは必ずそのままにせずに聞くようにしているんです。それはお互いがそうで、家族のような信頼関係のもとに諭し合ったり、「それいいねー！」と盛り上げあったり、ときには「ぶん殴ってでも止めてやる！」という意気込みで議論することもある。こういう仲間たちがいることは、僕にとって掛け替えのない財産ですね。

音楽業界の今と未来を読む

今の時代って〈**音楽を作るのには恵まれているけど、音楽を売るのには恵まれていない時代**〉だと思うんです。

作る側は一時期のニコニコ動画やＹｏｕＴｕｂｅなどのように発表の場がいくつも与えられていて、セルフプロデュース次第でレコード会社の大仰なシステムに乗らなくても自分の音楽を作り、発表することができる時代になりました。

音楽だけではなかなか届かなくても、映像作品と一緒になることで音楽が遠くまで届く可能性もまだまだ増えています。新しい可能性がどんどん生まれていますよね。

しかし一方で、売る側であるレコード会社は、襟元を正してやっていかなくてはならない岐路に立っています。やはりクリエイターというゼロをイチにすることができる才能を彼らが本当に大切にしないと、レコード会社をすっ飛ばしてみんな成功を得ようとするし、すでにそれでも成功を収めることができる時代です。

でも僕はやっぱりメジャーでなければできないことはたくさんあるし、メジャーでなければかなわない夢もたくさんあると思っている。とはいえすでに音楽の流通が旧来のシステムではうまくいかなくなりつつある。メジャーであることのメリットをしっかりと売る側が理解して、クリエイターとユーザーに提示できるようになってほしいと思っています。

今の若い子たちはCDを聴くプレイヤーを持っていない。音楽を聴くためにCDに頼る時代はもう終わっていて、CDは特典などを得るためのグッズです。

でも僕は思うんです。**CD＝グッズだっていいじゃないですか**。僕は『うた☆プリ』のCDをファンの皆さんとアイドルたちを結ぶ重要なツールだと思っていて、一度「（特典が大きくて）CDが棚に置けない」とレコード会社からクレームを受けた際に「ちょっと待ってください。CDがすでに音楽を聴くという役割以上にグッズとしての側面が重要視されている。そういう時代なのに、まだ旧来のルールに縛られ続けるのですか?」と問い返したことがあって。

こういう話をすると、「じゃあグッズだけ売ればいいじゃないか」と言われるのですが、それは違います。そこに〝音楽〟が封じ込められたＣＤが入っているからこそ、その商品に価値があるんです。音楽が宿っているグッズだからこそ意味があるんです。意外と作る側も売る側も旧来の考え方すぎて驚くことがあるのですが、自分たちがお客様に届けるものに対して価値や意味が見いだせなくなることがいちばんよくない。

時代に合わせて変化・進化していくことはＥｌｅｍｅｎｔｓ Ｇａｒｄｅｎのポリシーだと言いましたが、音楽を届ける皆さんも恐れずに時代とともに変化・進化してほしいんです。**音楽業界で言えば、〝ライブ力〟が問われる時代です**。音楽作品は〈いかにライブを観たいと思わせるか〉が求められ、ライブでは細胞レベルで感動が生まれるようなエンタメが求められる。

僕が原作を手掛けてきた作品もそうですが、これから発表する新しいコンテンツはとくにライブを中心とした作品ばかりです。Ｅｌｅｍｅｎｔｓ

Ｇａｒｄｅｎとしても、今まで以上に時代に合わせるということを、もっと突き詰めるべきだと思っています。

時代の変化に気付ける感性と、変化を恐れない柔軟性は今後エンタメ業界を生き抜くために必ず求められるものだと信じていますから、それらを極めた集団であってほしい。

そして良質な音楽を生むためには環境やブームというものも必要であり、それを生み出し、育てる準備も同時に進めていきます。

たとえば『うた☆プリ』や『シンフォギア』に追随するような作品が生まれても、それを僕は業界の一員として応援したいんです。**みんなでアニメやゲーム業界を盛り上げ、活性化させることが必要なんだと考えています。**

結局は音楽やエンタメに対して真面目で真摯である作品と人が生き残るように、この業界はできています。

僕が20年の間にたくさん見てきたこと、経験したことは、これからアニメ・ゲーム業界や音楽業界、エンタメ業界を志す皆さんに、さまざまな形で届けていきたいと思っています。

20周年を迎えた上松範康さんへ

仕事仲間や親交の深い方から、上松さんへメッセージをいただきました。

木谷高明（株式会社ブシロード　取締役）

Q.上松さんってどんな人？　エピソードを何かひとつ教えてください

上松さんは野望の人。小さな成功で満足しないでとことん音楽を創ることにこだわる人です。エピソードといえば、上松さん手作りのカレーをご馳走になったことかな。本当に美味しいです。いい奥さんになれると思います。とにかく何でも器用にこなせるスーパーマン。私も音楽コンテンツを創ることが多くなったので最大のライバルです。

Q.上松さんへひと言メッセージをお願いします

上松さんには絶対負けたくない！！！！

宮野真守（声優）

Q.上松さんってどんな人？　エピソードを何かひとつ教えてください

「テンペスト」という曲を一緒に作った時が印象的でした。初めて一緒にセッションしたんです。スタジオにこもって。すごく楽しかったし刺激的でした。上松さんの音楽に対する情熱、そして音楽性の幅広さを、直に感じさせていただきました。音楽の知識としては全然足りない僕の言葉を、柔軟に理解して、具現化してくれるんです。ただただ感動しましたし、その引き出しの多さに、「さすが上松範康！　これぞ上松範康！」と心底思いました！

Q.上松さんへひと言メッセージをお願いします

普段はとっても柔らかで僕らにも優しく丁寧に接してくれるのに、いざと言う時は攻めの姿勢を崩さない、アグレッシブな上松さんが僕は大好きです！

紺野さやか（『うたの☆プリンスさまっ♪』シリーズプロデューサー）

Q.上松さんってどんな人？　エピソードを何かひとつ教えてください

いろんな意味で存在感がある人。みんなで集合する時は目印にされてしまうし（大きくて、目立つから）、仕事でも誰もが考え付かないような天才的発想で周りを驚かせてくれます。存在自体が「上松範康」。120文字では、到底言い表すことができない、何年一緒にいても未知な人。

Q.上松さんへひと言メッセージをお願いします

日々進化し続ける上松さんに、いつも刺激をもらっています！　これからも戦友として、命懸けで作品を作っていきましょう！

Elements Garden

Q. 上松さんへひと言メッセージをお願いします

藤田淳平

0を1にする発想力と行動力、人の才能を見極め当人にそれとなく気づかせてあげる才覚、美味しい飯屋の発掘など側で見ているのに自分にないものをたくさん持っていてまだまだ刺激を受けています。これからも楽しくやっていきましょう！

藤間仁

20年というとものすごく長い年月ですが、自分も上松さんと出逢い仕事するようになって17年。そう考えるとあっという間なようにも感じます。3..4...50周年!!? 共に素敵な未来が迎えられるようこれからも突っ走って行きましょう！ 20周年おめでとうございます！！

菊田大介

20周年おめでとうございます！

先輩、師匠、代表…僕にとっていろいろな顔がありますがこれからも共に走る"同志"であり続けたいです

母里治樹

20周年おめでとうございます。常に新しい世界を作り続けていくことは並大抵なことではないと思います！

岩橋星実

20周年おめでとうございます！

抜群の影響力で革命を起こし、伝説になって、いつか王国を造ってください！

藤永龍太郎

20周年おめでとうございます！

邁進する上松さんの背中を追いかけつつ、僕自身、いずれ上松さんを脅かせるように頑張りたいと思います！

末益涼太

20周年おめでとうございます！

エレガに入って約4年、育てていただいてとても感謝しております。

都丸椋太

20周年おめでとうございます！

まだまだ未熟者でいろいろ勉強させていただいている身ですが、これからより上松さんと関わりをもっていきたいです！

よろしくお願いします！

笠井雄太

上松さん20周年おめでとうございます。

これからも上松さんの音楽を1ユーザーとして楽しみにしております。

株式会社S

Q.上松さんへひと言メッセージをお願いします

Faylan [旧芸名：飛蘭]（歌手）

20周年おめでとうございます！　上松さんは学生時代からの恩師。それだけでなく「飛蘭」の名付け親で、デビューの際もお世話になり…私にとって、もはやお父さん!!です（笑）。これからも上松節全開な音楽を楽しみにしてます！

蒼井翔太（声優）

20周年、おめでとうございます。デビューから今まで、そしてこれからも、変わらずこの世界に必要な音楽を創り上げていってほしいです！　ボクもそれが楽しみです！

天野七瑠（声優）

20周年おめでとうございます！　僕も上松さんのように、たくさんの方を笑顔にできる声優になれるよう頑張ります！

櫻川めぐ（声優）

20周年おめでとうございます！　私をアニソンに導いてくれた上松さんの音楽には感謝するばかりです！　これからも歴史に残る音楽を作り続けて下さい。

秋谷啓斗（声優）

音楽活動20周年おめでとうございます！　これからも上松さんの素敵な音楽が世界中に届くようお祈りいたします。

倉知玲鳳（声優）

20年前の上松さんをこの本で知ることが楽しみです！　お背中をみて、私もお仕事を長く続けられるようがんばります！

おわりに

音楽は「音」を「楽」しむ！
この世界がアニソン・ゲームソングであふれ、
音楽が誰もが笑顔になるものと信じ、
今までの20年の感謝と恩返しに、
これからも邁進していきたいと思います！
最後に、この文章は、冨田明宏さんに
まとめていただきました。
彼は僕らの音楽を時代とともに文章に換えて
語り部としてアニソン・ゲーム音楽業界を支えてきました。
音楽が形ないものだからこそ、
音楽を文章に換えて歴史として記していく方は
とても尊敬できるし、僕らにはできないことです。

また、「本出そっか！」と言ってくれたのは、
僕の盟友であり所属する株式会社Ｓの社長、佐藤ひろ美です。
二人三脚という言葉どおり調子よく走れる時もあれば、
足がもつれて転んだりする時もあったり、三歩進んでは二歩下がりつつも
なんとか一緒に踏ん張って今まで会社を経営してきました。
そんな彼女からの二十周年のプレゼント。最高です。
そして、最後の最後まで尽力してくださった
アーティスト、関係各所の皆さま、
また編集の結城さん、秘書、株式会社Ｓ、
アリア・エンターテインメント、エレガのみんな、育ててくれた家族
そして、本を手にとってくださったファンの皆様に尊敬の念を込めて、
「ありがとう」です！　これからも頑張ります！

Ｅｌｅｍｅｎｔｓ　Ｇａｒｄｅｎ代表　上松範康

上松範康氏へのインタビューを終えて～あとがき～

仕事を通じて上松範康氏と知り合って、もう10年にもなる。これまでも氏へのインタビューや、筆者の論考なども交えながら、Ｅｌｅｍｅｎｔｓ Ｇａｒｄｅｎと上松氏が生み出す音楽についてさまざまなメディアで語ってきたつもりではある。

しかし、この書籍のために行ったおよそ10時間にも及んだインタビューを終えて、初めて知ったこと、判明したことがたくさんあった。いや、我々はまだ上松氏について知らないことが多すぎた。

改めて〝上松範康〟とは、これまでにアニソンにおける数々のトレンドを生み出し、そのトレンドがスタンダードとなり、２０００年代中期から現在に至るまでの、アニソンが過去最高に〝音楽シーン〟として隆盛を極めた状況作りに多大な影響を与えた人物のひとりである。

彼や彼の仲間たちであるＥｌｅｍｅｎｔｓ Ｇａｒｄｅｎが登場して以来、水樹奈々や宮野真守ら声優アーティストのトップランナーたちとの共闘関係の中で生み出した綺羅星のごとき音楽の数々を、アニメ音楽業界で活躍するプロデューサーやディレクター、そして数多のサウンドクリエイターたちはつねに意識し、「なぜヒットするのか」「なぜお客から求められるのか」「なぜライブで盛り上がるのか」を解析・研究してきた。

上松氏が生み出す音楽は、アニメーションの表現技術や物語性の進化とともに必要とされるようになった、主題歌のダイナミズムやエンターテイメント性の要請に１２０％で応え、アリーナ～スタジアムクラスなど大規模化するライブや、台頭する巨大アニソンフェスにおける〝オーディエンスとの一体感の創出〟という要請にも、見事に応えてみせたのだ。

そんな彼やエレガの音楽を歌で表現し尽くすアーティストたちが次々と登場し、ライブ力を競い合うなかで新たな武器を求めると、エレガ謹製の楽曲が続々と投入され、さらにその競争力は高まっていく。そこにライバル関係にある有力なサウンドクリエイターたちも続々と参戦し、アニソンシーンが活性化し続けた。

それが２００４年ごろから現在まで絶え間なく続いたことで、ライブやフェスの動員も激増し、セールス的にも好調を維持し続け、さまざまなメディアでその盛況ぶりが取り上げられるなど、アニソン業界はかつてないほどの活況を手に入れたのだ。

そんな音楽的な成功を収める一方で、上松氏は『うたの☆プリンスさまっ♪』シリーズや『戦姫絶唱シンフォギア』シリーズの原作を手掛けてきた。幅広い女性層から熱狂的な支持を集め続ける『うた☆プリ』シリーズの原作を手掛ける上松氏と、『戦姫絶唱シンフォギア』で第5期にまで及ぶ熱い物語の原案を紡ぐ上松氏、そして上述のとおり革新的な音楽家であり、アリア・エンターテインメントを束ねる経営者でもある上松氏。それぞれが〝音楽〟というキーワードで結ばれながらも、別々の独立したイメージで存在するため、並列で語られることはこれまでほとんどなかった。

しかしこの度、本書によって初めてそれぞれの島宇宙が一筋の道で繋がった。彼の生い立ちや家族構成、多感な思春期を過ごした青春時代、〝家来〟と呼ばれた修業時代や仲間たちとの出会い、佐藤ひろ美や水樹奈々との出会い、先輩プロデューサーや経営者たちからの天啓にも似た教示、そしてこれからの生き方……などなど、これまで彼が生み出してきた創作物のすべては、間違いなく〝上松範康〟が歩んだ人生から生まれていたものだとわかった。

本書の内容は、上松氏という〝創作の超人〟の作り方を知る意味では非常に明快な内容ともいえるが、ともすれば「常人ではとても真似できない！」とただただ感嘆するだけの内容かもしれない。やはり普通の人生は歩んでいるだけでは、上松氏のようにあれだけ濃密な島宇宙をいくつも生み出すことはできない。本書はその証左でもある。

しかし本書の内容は、ひとりの音楽家が半生を語った事実のみで構成されている。すべてはまねできずとも、読者皆さんの人生を輝かせるヒントやエッセンスがたっぷりと詰まっているし、少しでもクリエイティブなことに興味がある人ならば、きっと少なからず刺激や影響を受けるだろう。そして何より、彼から生み出された数多の創作物のファンであるのなら、「どのようにして名曲は生まれたのか」とワクワクしながら読み進められるはずである。

上松氏は新たに『クラシック★スターズ』という、モーツァルトやベートーヴェンなど歴史を彩った音楽家たちとＥｌｅｍｅｎｔｓ Ｇａｒｄｅｎ、そして声優アーティストたちをコラボレーションされるという前代未聞のプロジェクトをＵＮＩＳＯＮ×ブロッコリー×キングレコードと共に立ち上げた。やはり常軌を逸した発想力、そして行動力としか言いようがない。

これからも我々は、上松範康とその仲間たちによる嵐のようなエンタメのムーブメントに巻き込まれ続けるのだろう。上松氏の発想はどこへ向かい、次は何が飛び出すのか。想像しただけでワクワクが止まらない。そんな天才・上松範康を知る上でも、アニメやアニソンの今やこれからを知るうえでも、本書は間違いなく必読の書となるだろう。

冨田明宏

STAFF

原稿協力／冨田明宏
撮影／石田 潤
装丁・デザイン／加藤美保子
協力／株式会社アリア・エンターテインメント、株式会社 S、キングレコード株式会社、株式会社シグマ・セブン、株式会社スクウェア・エニックス株式会社、ブシロード、株式会社ブロッコリー
校正／東京出版サービスセンター
編集担当／結城怜子（主婦の友インフォス）

アニソン・ゲーム音楽作り20年の軌跡 ～上松範康の仕事術～

平成 30 年 5 月 20 日　第 1 刷発行

著　者　上松範康
発行者　安藤隆啓
発行所　株式会社主婦の友インフォス
〒 101-0052　東京都千代田区神田小川町 3-3
電話　03-3294-3616（編集）
発売元　株式会社主婦の友社
〒 101-8911　東京都千代田区神田駿河台 2-9
電話　03-5280-7551（販売）
印刷所　大日本印刷株式会社

ISBN978-4-07-429878-5